# O Advento da Longevidade no Trabalho

## COMO CONTINUAR TRABALHANDO APÓS OS 60 ANOS?

# O Advento da Longevidade no Trabalho

COMO CONTINUAR
TRABALHANDO APÓS
OS 60 ANOS?

miguel angelo baez garcia

QUALITYMARK

Copyright © 2007 Miguel Angelo Baez Garcia

Todos os direitos desta edição reservados à Qualitymark Editora Ltda.
É proibida a duplicação ou reprodução deste volume, ou parte do mesmo,
sob qualquer meio, sem autorização expressa da Editora.

| Direção Editorial |
| --- |
| SAIDUL RAHMAN MAHOMED |
| editor@qualitymark.com.br |

| Produção Editorial |
| --- |
| EQUIPE QUALITYMARK |

| Capa |
| --- |
| WILSON COTRIM |

| Editoração Eletrônica |
| --- |
| EDEL |

CIP-Brasil. Catalogação-na-fonte
Sindicato Nacional dos Editores de Livros, RJ

G21a
    Garcia, Miguel Angelo Baez
    O advento da longevidade no trabalho: como continuar trabalhando após os 60 anos/Miguel Angelo Baez Garcia. – Rio de Janeiro: Qualitymark, 2007.
    136p.

    ISBN 978-85-7303-729-6

    1. Medicina do trabalho. 2. Direito do trabalho – Geriatria. 3. Idosos – Estatuto legal, leis etc. 3. Idoso – Longetividade. 4. Idoso – Mercado de trabalho. I. Título.

07-2187
                                          CDD: 616
                                          CDU: 616-057(81)

**2007**
**IMPRESSO NO BRASIL**

| Qualitymark Editora Ltda. | Fax: (0XX21) 3295-9824 |
| --- | --- |
| Rua Teixeira Júnior, 441 | www.qualitymark.com.br |
| São Cristóvão | E-mail: qualitymark.com.br |
| 20921-405 – Rio de Janeiro – RJ | QualityPhone: 0800-263311 |
| Tel.: (0XX21) 3295-9800 ou 3860-8422 | |

*A meus filhos,
aos quais dediquei toda a minha vida profissional
e social e justificaram o valor da luta.*

*À meus dois amores,
Bia- amor de filha e
Dinara-amor de mulher,
que me fizeram confiar que é sempre possível
RENASCER!*

# Apresentação

*A vida se conjuga com a força de trabalho.
É um "toma lá dá cá" até o último minuto.*

(CLAUDE OLIEVENSTEIN – *O Nascimento da Velhice*)

O autor é carioca desde 1950, médico, professor universitário, Pós-graduado em Medicina Ocupacional pela UFF, Mestre em Saúde Ambiental e Ocupacional pela USP, Membro Titular da Academia Nacional de Medicina do Trabalho e da Sociedade Brasileira de Geriatria e Gerontologia. Vem dedicando sua vida profissional dividindo-se entre o atendimento médico a pacientes idosos, a atuação em empresas como consultor Médico do Trabalho, através de sua firma de consultoria assim como à pesquisa e ao ensino, tanto a médicos como a administradores.

Este livro é destinado a Médicos do Trabalho, Gestores de Recursos Humanos, Administradores, Empresários, Psicólogos, Engenheiros de Segurança, Sociólogos, Geriatras, Gerontólogos, Fonoaudiólogos, Enfermeiros, Fisioterapeutas e aos idosos de todas as idades, em especial aqueles que queiram empreender e se inserir no mercado de trabalho.

O fato de a civilização atual estar passando por um aumento da longevidade coletiva, nunca presenciado anteriormente e, sobretudo, por estarmos transitando por uma era onde os idosos estão cada vez mais sadios e atentos a uma melhor qualidade de vida, se faz necessária uma maior atenção ao empreendedorismo e ao trabalho do idoso.

Ao longo da história da humanidade, várias são as pessoas que se tornaram famosas por suas contribuições científicas, artísticas e produções sociais e políticas, após alcançarem a longevidade. Hoje o idoso exige produzir mais e melhor, integrado a um mercado produtivo, sentindo-se socialmente conectado, o que no dizer do Papa João Paulo II em *Laborem exercens* equivale a: "O trabalho comporta em si mesmo uma marca particular do homem e da humanidade, a marca de uma pessoa que opera numa comunidade de pessoas".

Na atualidade, os idosos são os exemplos de eternos aprendizes e vivem em busca de respostas para seus questionamentos. A era da informática, com o uso da Internet e suas facilidades de informação e pesquisa, provoca de um lado a necessidade de estar informado e de poder ter acesso a novos instrumentais, e de outro lado a ansiedade de poder acessar a novidade tecnológica para difundir o conhecimento e a experiência adquiridas ao longo da vida.

Portanto leia, reflita e decida sobre quais são os caminhos que devemos trilhar para tornar nossa sociedade mais eqüitativa e produtiva, associada aos nossos longevos. E lembre-se que "o mercado não trata a todos da mesma maneira".

# Prefácio

O advento da longevidade no trabalho levou o Professor e Médico Miguel Ângelo Baez a oferecer este oportuno livro, que reflete seu espírito de servir no empenho em colocar em prática o seu conhecimento e sua experiência acumulados como médico especialista no exercício da Medicina do Trabalho. Líder em ações voltadas para a saúde ocupacional, mostra importante visão de respeito à dignidade da pessoa humana, que deseja ser útil ao se integrar ao trabalho, não deixando os anos serem barreiras no viver e conviver. Suas páginas analisam aspectos orgânicos e psicossociais, vêm ao encontro das diretrizes da Política Nacional do Idoso e do Estatuto do Idoso, e fundamentam razões para mudanças no comportamento das empresas e de órgãos públicos, com o aproveitamento do idoso empreendedor.

Urge, em verdade, encontrar meios para recepcionar a vida produtiva e lhe melhorar a qualidade. Dados demográficos revelam o acelerado crescimento da parcela da população idosa – a de 60 anos e mais, na população em geral. Em conseqüência, surge uma legião de aposentados, muitos em condições e com vontade de obter uma segunda carreira e mesmo continuar a produzir. Sabemos que aposentadoria não pode ser exoneração da vida. Novas atividades e carreiras devem ser buscadas. As leis há muito vêm determinando a preparação para a aposentadoria de trabalhadores nos setores públicos e particulares.

Temos participado há mais de quarenta anos de um esforço para criar uma consciência coletiva na sociedade civil e nos governos do direito do idoso viver com dignidade, proporcionando-lhe um lugar honroso no convívio e lhe valorizando. Com a criação da Universidade Aberta da Terceira Idade/UNIVERTI, em 1993, com suas oficinas, observamos de perto que há ainda um potencial respeitável a ser mais bem aproveitado.

Há muito o que fazer para retirar o escrito frio da legislação adormecida e aquecê-lo com o calor da realidade. "O idoso tem direito ao exercício de atividade profissional, respeitadas suas condições físicas, intelectuais e psíquicas" (Art. 26, Lei 10.471/2003 – Estatuto do Idoso); "É vedada a discriminação e a fixação de limite máximo de idade" (Art. 27). A lei determina, ainda, no Art. 28, inciso I: "profissionalização especializada para os idosos, aproveitando seus potenciais e habilidades para atividades regulares e remuneradas". O mesmo Estatuto, tão pouco conhecido, determina: "estímulo às empresas privadas para admissão de idosos ao trabalho" (Art. 28, III).

Vários aspectos são equacionados e respondidos sobre o aproveitamento do trabalho do idoso. São razões que nos levam a aplaudir, com entusiasmo, a contribuição deste livro, que tem sentido inovador e esclarecedor quanto à produtividade humana, como e por que sua absorção no mercado de trabalho. O alcance social desta publicação leva esperança de novos caminhos e novas posturas solidárias com parcerias de empresas estimuladas nesse inteligente esforço para a integração social, a exemplo de instituições em outros países que souberam também se beneficiar, além da responsabilidade social, trazendo para suas atividades homens e mulheres com mais experiência nos anos vividos.

São iniciativas como a do ilustre autor que têm influenciado o entendimento de lideranças responsáveis que levam às transformações esperadas em favor do direito de viver com dignidade.

**Waldenir de Bragança**
Médico – Advogado – Professor Universitário
Membro da Academia Nacional de Medicina do Trabalho
Presidente da Universidade Aberta da Terceira Idade
– Presidente da Sociedade Brasileira de Higiene

# Sumário

*"Mais tempo de vida precisa equivaler a grande prazer de viver."*
BAEZ GARCIA

### CAPÍTULO 1
#### Procedimentos Médicos Resultantes em Saúde, 3
Quem é o Idoso?, 6
Era da Longevidade, 6
A Longevidade Pode Acarretar um Grave Peso Social?, 9

### CAPÍTULO 2
#### Trabalho e Qualidade de Vida, 13
Promoção da Saúde no Trabalho, 15
Idosos e Tipos de Atividade, 15
Condicionamento Físico e Capacitação Intelectual do Idoso, 16

### CAPÍTULO 3
#### Legislação em Saúde Ocupacional do Idoso, 21
O Envelhecimento Humano e o Trabalho, 23
Estatuto do Idoso – Capítulo V – da Profissionalização e do Trabalho, 24
Programa de Controle Médico de Saúde Ocupacional, 25
Serviços de Saúde no Trabalho, 26
Programa de Controle Médico de Saúde Ocupacional – PCMSO – NR 7, 29
O PCMSO e o Idoso, 32
Exames Ocupacionais e a Multidisciplinaridade em Saúde, 33

As Doenças Ocupacionais e os Acidentes de Trabalho, 34
Programa de Prevenção de Riscos Ambientais (PPRA), 35

## CAPÍTULO 4
### Gestão em Saúde Ocupacional, 37
Empreendedorismo Sênior, 40
Seleção e Recrutamento de Mão-de-Obra, 41
Planos Governamentais no Brasil, 41
Requalificação para Trabalhadores Idosos Reinserção no Mercado Produtivo, 42
O Idoso Trabalhador e a Recolocação no Emprego, 43
Recrutamento Interno, 44
O Idoso e a Família, 47
O que as Empresas Esperam dos Profissionais Idosos? 48
Pessimismo/Negativismo na Vida e no Trabalho, 51

## CAPÍTULO 5
### Compreendendo o Trabalhador Idoso, 53
As Doenças e o Trabalho, 55
Doenças na Terceira Idade, 59
Testes mais Empregados e Formas de Avaliação, 62

## CAPÍTULO 6
### Riscos Ambientais e Ocupacionais, 77
Avaliação dos Riscos Ambientais e Ocupacionais, 79
Os Agentes Agressores, 79
Riscos Ocupacionais, 80
Etapas Básicas, 81
Carga Horária no Trabalho, 84
Custos das Doenças, 84
O Futuro da Aposentadoria, 85
Os Cinco Estágios da Aposentadoria, 88
Ambiente de Trabalho – Assédio Moral e a Violência Contra o Idoso no Trabalho, 91
Suicídio e Envelhecimento, 92

## CAPÍTULO 7

### Medicina Geriátrica Ocupacional e o Crescimento da Arte, 93

Re-Humanização na Medicina do Trabalho, 95
O Aumento da Produtividade, 97
Condições Essenciais para a Promoção da Empregabilidade dos Trabalhadores Idosos, 98
Envelhecimento em Atividade – Propostas de Parceria Social no Trabalho, 99
A Era Digital – A Informatização – A Internetização, 101
Estresse Geriátrico Social, 102
"Slow Life" – Formas de Proteção do Cérebro, 103
Alguns Postos e Campos de Trabalho, 103
Empreendedorismo – Auto-Emprego, 104
Medicina Ocupacional Geriátrica, 105

### Bibliografia Consultada, 107

*De tudo, ficaram três coisas:*
*A certeza de que estamos sempre começando...*
*A certeza de que precisamos continuar...*
*A certeza de que seremos interrompidos antes de terminar...*
*Portanto devemos:*
*Fazer da interrupção um caminho novo...*
*Da queda, um passo de dança...*
*Do medo, uma escada...*
*Do sonho, uma ponte...*
*Da procura, um encontro.*

(FERNANDO PESSOA)

# Introdução

Fazer parte da história da Medicina do Trabalho em nosso país é motivo de grande orgulho e realização profissional.

De janeiro de 1984 até agosto de 1986, estive a frente de um sonho: "desenvolver o projeto de um Ambulatório de Saúde Ocupacional", idealizando sua implantação no Hospital Universitário Antônio Pedro (HUAP) da Faculdade de Medicina da Universidade Federal Fluminense (UFF).

Deslumbrado com a perspectiva de fazer ciência em prol da Saúde do Trabalhador, traçamos os seguintes objetivos: oferecer à população trabalhadora um local para atendimento médico especializado; propiciar ao curso de Especialização em Medicina do Trabalho uma área para pesquisa em doenças ocupacionais, e às demais cadeiras de graduação médica uma disciplina de atividade prática para a formação plena dos alunos compreendendo o processo saúde-trabalho. Estes alvos foram integralmente atingidos.

Embora já coordenássemos a Especialização em Medicina do Trabalho no convênio UFF-FUNDACENTRO, houve inicialmente certo ceticismo sobre a abrangência do projeto, o que era natural e esperado, pois ainda não existia uma Cadeira de Saúde Ocupacional funcionando na Faculdade de Medicina e nem mesmo uma tradição nesta área médica na região.

Enfrentamos, então, o desafio de tornar realidade nosso pleito e de resguardar a Autonomia Universitária fazendo validar, a partir de 1986, um Curso de Especialização em Medicina do Trabalho independente, aprovado pelo Conselho Universitário da UFF, sem a interferência de outras instituições e com uma gama diferenciada de disciplinas tanto na parte teórica quanto na parte prática, transformando um curso de 360 horas em um curso com 960 horas.

Assim, implantamos o primeiro Curso Autônomo de Medicina do Trabalho em uma universidade brasileira, pós-convênio FUNDACENTRO, com uma área de atividade prática enriquecida pelo fato de os alunos poderem observar os pacientes advindos do processo de trabalho e não só visualizando os trabalhadores sadios atuando em suas máquinas e no ambiente de trabalho, como era usual nos cursos anteriores.

A partir de então a aceitação do ambulatório foi imediata. Iniciamos ao mesmo tempo diversas linhas de ensino e pesquisa junto aos setores de Radiologia, Pneumologia, Dermatologia, Saúde Pública, entre outros, atuando nas áreas de graduação médica e pós-graduação "latu-senso" e "strictu-senso".

## Programas Desenvolvidos após a Implantação das Atividades Ambulatoriais

1. Participação dos alunos da graduação médica nas disciplinas de Saúde Ocupacional, Sistemas de Saúde e Demografia Médica no Ambulatório Médico, obtendo uma visão prática das Doenças Ocupacionais.

2. Participação ativa dos pós-graduandos em Medicina do Trabalho na anamnese ocupacional, diagnóstico e tratamento de diversas patologias ocupacionais e discussão das propostas de prevenção.

3. Participação ativa dos Médicos Residentes em Saúde Pública com área de concentração em Saúde do Trabalhador, no Ambulatório de Saúde Ocupacional complementando pesquisa nos ambientes de trabalho dos pacientes e nos Sindicatos dos Trabalhadores, em busca de efetivos programas preventivos e melhor compreensão do processo saúde-trabalho.

4. Aulas em diversas disciplinas de graduação na área médica e de saúde e em diversos cursos de pós-graduação da área médica e de saúde.

5. Palestras, aulas, conferências em diversos centros e universidades, no Brasil e no exterior.

6. Pesquisa na prevenção, diagnóstico e tratamento das pneumoconioses (especificamente da SILICOSE) devido ao processo de jateamento de areia utilizado na época pela Indústria Naval no Rio de Janeiro.

7. Nossos alunos, após sua formação, além de atuarem em diversas empresas de ponta no país, também passaram a atuar em locais de alto padrão técnico como a FIOCRUZ, a UFRJ, a Universidade de CAMPINAS, a PETROBRAS, a DATAPREV e o INSS.

8. Os dados das avaliações e tratamentos ambulatoriais propiciaram embasamento técnico para a geração de legislação específica sobre a proibição do uso de jateamento de areia na indústria naval do RJ.

9. Implantação do Centro de Controle de Intoxicações (CCI) no HUAP

- Criação de área de Saúde do Trabalhador na Vigilância Sanitária do Rio de Janeiro.
- Implantação do SESMT e da CIPA da UFF.

10. Reuniões conjuntas com o setor de Perícias Médicas e Reabilitação do Instituto Nacional de Seguridade Social (INSS) em Niterói para a definição de critérios para o afastamento do trabalho e para a reabilitação dos pacientes com SILICOSE.

Ao descrever as múltiplas áreas de atuação desenvolvidas após a implantação do projeto, lembramos do mentor da Medicina Ocupacional, o Prof. Dr. Bernardo Ramazzini, que ao prefaciar seu livro *De Morbis Artificum Diatriba* (*As Doenças dos Trabalhadores*), em 1700, desejou-lhe melhor sorte que a de "ser utilizado para embrulhar ovos e tomates".

As observações iniciais correlacionando idoso e trabalho em nosso serviço surgiram a partir de 1994 quando constatamos o crescente número de acidentes do trabalho e doenças ocupacionais envolvendo trabalhadores idosos.

Muito embora ainda não houvesse um enfoque científico sistematizado e uma preocupação social definida com a geriatria e a gerontologia propriamente ditas, já se notava o aumento da prevalência de acidentes de trabalho na faixa etária acima dos 60 anos.

Finalmente o projeto completou seu ciclo, mas infelizmente, devido a problemas de saúde e em uma fase final de Doutoramento, fui obrigado a me afastar de minhas atividades. Não houve quem se interessasse ou pudesse dar continuidade à tecnologia implantada, já que, mais do que conhecimento técnico, o projeto exigia também zelo e dedicação, o que o sucateamento da universidade federal e o descaso governamental com os professores não permitiram.

As pesquisas foram interrompidas por vários anos sendo retomadas somente em 2004, fora da Universidade, já como pesquisador autônomo e após a complementação de estudos em cursos sobre geriatria e gerontologia.

Não poderia deixar de expressar nossa saudação especial ao Prof. Dr. Mauro Diniz Moreira, representante da UFF junto à FUNDACENTRO, Coordenador do primeiro curso de Especialização em Medicina do Trabalho e co-autor do projeto de Implantação do Ambulatório de Saúde Ocupacional, e ao Dr. Paulo Meirelles, grande incentivador da Medicina do Trabalho em Niterói.

Este livro destina-se a ampliar sugestões para a melhoria da qualidade de saúde no trabalho e incremento da produtividade em trabalhadores acima de 60 anos. As propostas aqui contidas são aplicações observadas na vida diária em Geriatria e que vêm sendo adotadas com sucesso na prática da Medicina Ocupacional, criando uma nova área nas especialidades, ou seja, a Medicina Geriátrica Ocupacional ou a Geriatria Ocupacional, a exemplo do que existe em outras especialidades como a Cardiogeriatria, Odontogeriatria, entre outras, para o estudo das adaptações do idoso ao ambiente de trabalho e das Doenças Geriátricas Ocupacionais.

Portanto, vamos então mergulhar neste mundo novo (o do idoso), e ajudar a descobrir o quanto, após os 60 anos, ainda se pode produzir e se sentir útil, empregando um ferramental ajustado e apropriado a cada idade e a cada estado de saúde.

# A Águia Real

A Águia é uma ave de rapina. Sua sobrevivência depende da sua capacidade de caça que, por sua vez, depende da qualidade do seu bico e das suas garras.

Entretanto, como todo animal, o avançar da idade é acompanhado pelo enfraquecimento do bico e das garras. Quando se aproxima dos 40 anos de vida, o bico e as garras se tornam fracas e quebradiças e a águia perde a capacidade de caça e a maioria delas morre de fome.

A **Águia Real** é diferente das águias comuns. Quando chega aos 40 anos, ela toma uma decisão importante na vida e realiza um vôo para um penhasco bem alto. Chegando lá ela bate com o bico em uma rocha, destruindo-o totalmente. Com o frio ela entra em estado de quase hibernação e depois de algumas semanas nasce um novo bico. Duro e forte.

Com esse bico, ela quebra todas as garras e aguarda mais algumas semanas até nascerem novas garras. Estas nascem duras e fortes.

Com um bico novo e novas garras, a **Águia Real** alça vôo. O vôo da **Águia Real**. O vôo do *Renascimento* da **Águia Real**.

Com isso ela consegue viver mais 30 anos. São 30 anos de vida de qualidade, de uma vida vivida com a sabedoria e a experiência dos 40, porém com o corpo de 20.

*Mensagem do Presidente de Rotary International*
*Richard King, no período 2001 e 2002.*

CAPÍTULO 1

# Procedimentos Médicos Resultantes em Saúde

*"Fez Noé tudo o que o Senhor lhe tinha ordenado. Tinha ele 600 anos de idade, quando as águas do Dilúvio inundaram a terra."*

(GÊNESIS – BÍBLIA SAGRADA)

---

Quem é o Idoso?, 6

Era da Longevidade, 6

A Longevidade pode Acarretar um Grave Peso Social?, 9

As técnicas e procedimentos médicos vêm se desenvolvendo ao longo dos tempos. Inúmeras conquistas se processaram desde o século V a.C quando a Escola Hipocrática afastou a medicina da Religião para edificar os alicerces da medicina racional. Os estudos da Anatomia e as Técnicas Cirúrgicas foram aprimorados com o objetivo de restringir ao máximo o estado das doenças. Os exames complementares cada vez mais elucidativos, precisos e menos invasivos, assim como a presença cada vez maior dos fármacos na Medicina, trouxeram conforto ao paciente e segurança ao médico, no combate ao agente etiológico, evitando as complicações presumíveis e diminuindo a sintomatologia, afinal **"Sedare dolorem opus divinus est!"** esta é a máxima na medicina. O alívio da dor é sem dúvida o principal fator de procura ao médico, sendo a terapêutica muito mais valorizada do que a prevenção.

Por sua vez, a investigação epidemiológica, importante instrumento de averiguação e reconhecimento de agravos à saúde, tem facilitado a compreensão e a análise da distribuição das doenças em seus diversos níveis de manifestação. A identificação do recente aumento da prevalência das doenças crônicas ocorridas pelo aumento da longevidade humana, entre elas a Doença de Alzheimer, é exemplo bastante significativo da utilização dos mecanismos epidemiológicos.

Os mecanismos de Promoção a Saúde e de Prevenção aos Agravos, embora já tenham alcançado um patamar de divulgação regular, ainda são negligenciados pelos governantes, descuidados pelos profissionais e também pelos pacientes, seja por temor ou por descrédito.

No caso da Saúde do Trabalhador em nosso país, ainda estamos longe de ter uma aplicabilidade eficaz de Promoção à Saúde Ocupacional e Prevenção de Acidentes do Trabalho e Doenças Ocupacionais. Também na Atenção à Saúde do Idoso as negligências são muitas, a começar pela divulgação imprecisa da necessidade de cuidados com a saúde como, por exemplo, no caso das vacinações. Estas muitas vezes são temidas pela população idosa, por serem consideradas como um artifício governamental para diminuir o número de idosos e assim diminuírem o custo mensal da Previdência Social.

Devemos ressaltar que, afortunadamente, alguns programas governamentais têm vindo para tentar dirimir estas questões, seja na área Ocupacional ou na área Geriátrica.

Na área de Saúde do Trabalhador, o Programa de Controle Médico de Saúde Ocupacional (PCMSO), que visa à saúde individual e grupal dos trabalhadores, e o Programa de Prevenção de Riscos Ambientais (PPRA), cujo alvo é a saúde da coletividade a partir da intervenção no ambiente de trabalho, já apresentam melhorias com relação à identificação dos problemas de saúde nos trabalhadores, embora ainda não sejam mecanismos totalmente eficazes nem quanto à prevenção e nem quanto à promoção à saúde, principalmente na sua aplicabilidade.

Especificamente visando a Saúde do Idoso no Trabalho, ainda não existem mecanismos definidos. O enfoque preventivo deve levar em consideração diversos fatores como a prevenção a quedas, grande fator de incapacitação e limitação física, gerador de altos índices de mortalidade e de altos custos assistenciais em saúde.

Um dos maiores fatores de hospitalização e isolamento na terceira idade é a dependência para realizar as atividades cotidianas próprias. Avalia-se que grande percentual dos idosos com idade igual ou superior a 65 anos esteja nesta fase, podendo chegar à incapacidade física total, estando a maior parte destes distribuída entre os idoso-maduros (75 a 84 anos) e os muito-idosos (acima de 85 anos).

## Quem é o Idoso?

Inicialmente é necessário que se conheça quem é o idoso que está inserido no mercado de trabalho. É imperativo que se promova uma classificação por faixas etárias, para que não se incorra no erro de agrupar idades distintas e que habitualmente não atuam no mercado de trabalho. É importante ainda considerarmos que a diferença etária neste grupo chega a alcançar cerca de 40 anos de idade.

Os dados sobre o envelhecimento populacional, segundo a ONU (2002), desvendam um aumento global do número de idosos com crescimento no mundo inteiro principalmente para a faixa acima de 80 anos, que atingiu 3,8% entre todos os níveis etários. Reforce-se ainda que o seguimento que cresceu mais rapidamente foi o de acima de 85 anos.

## Era da Longevidade

Estamos certamente vivendo a "Era da Longevidade". Devemos nos ater ao fato de que em 1900 somente 23% da população lograva atingir os 65 anos de idade e hoje esse percentual já atinge 84%. Isto para uma população que aumenta em mais de 1 milhão de pessoas idosas todos os meses (dados da ONU).

Diversos são os termos e expressões utilizados para designar as pessoas acima de 60 anos. Assim como em outros idiomas, aqui também as palavras: velho, ancião, idoso, longevo, senil, sênior, entre outras mais discriminatórias ainda, são aplicadas com referência a esse grupo amplo e diferenciado. Na realidade, toda esta população se apresenta com características bastante distintas podendo ser classificada em subgrupos.

A própria expressão "Terceira Idade", que engloba todas as faixas etárias de idosos, desde os 60 anos, merece ser revista. Várias têm sido as tentativas para mudá-la ou substituí-la como, por exemplo, pela expressão "melhor idade", que, entretanto, parece ser pior ainda do que a anterior. Hoje em dia já se fala em "Quarta Idade" como divisor dentro das faixas etárias, tal a forma com que se processa a longevidade populacional. O importante é que mais tempo de vida precisa equivaler a grande prazer.

O termo "**Ancião**" quer dizer pertencente a uma época anterior.

O termo "**Velho**" pode também ter o significado de obsoleto, arcaico, antiquado.

Já o termo "**Idoso**" significa aquele que tem muita idade, ou o que tem idade avançada.

Alguns outros termos têm conotação mais respeitosa como, por exemplo:

- "**Senior**" que significa "pessoa mais velha", "o mais antigo", "o superior".

- "**Master**" que tanto significa "dono", "senhor", "amo", como também "mestre", "professor".

Então, como se deve nomear este grupo sem correr o risco de se estar discriminando ou de se causar estranheza com a nomenclatura?

Ao rotularmos o envelhecimento natural do ser humano em sua dimensão bio-intelecto-social ou biopsicossocial como classificado por alguns, verificamos uma divisão em três áreas principais:

- **Envelhecimento Biológico:** Caracterizado por mudanças físicas que abrangem todo o organismo do indivíduo, alterando suas funções. Assim causando o esgotamento múltiplo dos órgãos como: danos em células cerebrais provocando alterações cognitivas; alterações nos sentidos como deterioração da audição; perda da acuidade visual, olfato, paladar e o tato; alterações renais; diminuição da flexibilidade das fibras cardíacas; redução do tamanho e da flexibilidade da musculatura; deficiência da elasticidade das paredes pulmonares; endurecimento das paredes arteriais.

- **Envelhecimento Intelectual (Psicológico):** Assim como os outros, não tem idade definida para acontecer, é relacionado às mudanças temporais, assim como à adaptabilidade às constantes transformações orgânicas de acordo com as características intelectuais e psicológicas individuais, traduzida por alterações cognitivas na percepção, ação e reação (memória, atenção, percepção, criatividade).

- **Envelhecimento Social:** Marcado por alterações do papel social do indivíduo devido à aposentadoria; ao afastamento familiar; a perdas do convívio de amigos e entes amados; isolamento dos centros de ciência; das discussões políticas; do centro de atividades profissionais, como resultado das mudanças relacionadas ao aumento da idade.

Não há consenso sobre a classificação "envelhecimento psicológico". Muitos estudiosos, quando se referem à senilidade plena do ser biopsicossocial, a relacionam a alterações processadas por fatores biológicos, intelectuais e sociais, e não psicológicos.

O cérebro humano ainda permanece como um grande mistério principalmente no que se refere a suas funções intelectuais. Atualmente, a maioria dos autores adota a idéia de que mesmo com o envelhecimento das células cerebrais não há perda das adaptações às mudanças ambientais e das modificações de funções de aprendizado; entretanto, os componentes emocionais interferem de forma expressiva na atuação da memória durante o desenvolvimento da velhice.

A reversão do quadro se dá através de medidas preventivas e terapêuticas ajudando a promover um bom desempenho do funcionamento cognitivo total. A inclusão em Programas de Condicionamento Físico, em Programas de Condicionamento Intelectual e a inserção no contexto social, aliadas às terapias convencionais, conseguem retardar o envelhecimento previsível. Neste caso, a utilização destes preceitos fortalece a teoria de que "se você vai viver mais, seu organismo tem que estar preparado para suportar a carga do tempo e viver melhor".

# A Longevidade Pode Acarretar um Grave Peso Social?

O envelhecimento humano é um processo individual, gradual e progressivo. Mas, sem dúvidas, o envelhecimento populacional é uma grande conquista social.

A Legislação em nosso país define como idosas todas as pessoas acima de 60 anos. Isto está de acordo com a Organização Mundial de Saúde (OMS), que define como idoso aquele que tem acima de 60 anos e vive nos países em desenvolvimento e 65 anos para os que vivem em países desenvolvidos.

No Brasil, o Estatuto do Idoso lhes garante proteção e uma série de direitos, preconizando as condições de existência em que viverão na tentativa de evitar que sofram constrangimentos por terem atingido uma idade ainda pouco compreendida muitas vezes discriminada até por pessoas da mesma idade ou de idade mais avançada.

Embora o organismo humano comece a sofrer alterações mais acentuadas a partir dos 40 anos, é importante destacarmos que é principalmente após os 65 anos que as mudanças orgânicas se tornam mais marcantes.

Esta constatação da existência de diversos níveis e idades no processo de envelhecimento nos leva a admitir a necessidade de uma classificação para a chamada Terceira Idade, e dividi-la em pelo menos quatro faixas etárias, assim como as já propostas por diversos autores.

Algumas destas expressões existentes e a seguir listadas adaptam-se com dificuldade ao nosso idioma, quando traduzidas livremente: Jovem-Idoso (*young-old*), de 55 até 64 anos; Meio-Idoso (*middle-old*), de 65 a 74 anos; o Velho-Idoso (*old-old*), de 75 a 84 anos e Muito-Idoso (*very-old*), de 85 anos em diante.

Baseados em nossa experiência clínica e diante do que preconiza a OMS, adotamos a seguinte nomenclatura para as nossas pesquisas, preservando a mesma faixa etária acima considerada:

- *Pré-idoso*, de 55 a 64 anos;
- Idoso de 65 a 74 anos;
- *Idoso-maduro*, de 75 a 84 anos;
- *Muito-Idoso* acima de 85 anos.

Esta classificação, se adotada mais amplamente, poderá proporcionar maiores facilidades na disposição social de uma forma mais adaptável de serviços e, inclusive, a aplicação de algumas formas terapêuticas, preservando as características de cada subgrupo. Esta divisão agruparia exclusivamente a categoria didática e terapêutica, já que não há nenhum interesse em se abolir a expressão "idoso", que no seu bojo traz importante conotação de respeitabilidade. Por outro lado, entre 55 e 59 anos, muitos rejeitarão a expressão "pré-idoso" como categorização do que há por vir, já que ainda não são idosos.

## A Aposentadoria

A aposentadoria não é o marco final do desempenho laboral de uma pessoa. Mesmo após a jubilação, é comum o idoso procurar uma nova ocupação profissional, até mesmo como empreendedor. O idoso pode prosseguir em suas atividades funcionais ou mesmo retornar ao trabalho no próprio recinto de trabalho, ou trabalhar em outra atividade e em ambiente diferente, sem que isto tenha interferência nociva à sua saúde.

Já as condições ambientais no trabalho devem ser sempre as melhores admissíveis para evitar a instalação ou a progressão de lesões ou patologias que venham a prejudicar a qualidade de vida destes trabalhadores que não têm direito a auxílio-doença, até mesmo quando da ocorrência de acidente do trabalho e doença ocupacional. Algumas empresas, antevendo as transformações, vêm adotando critérios diferenciados para o trabalho do idoso como a criação de espaços mais confortáveis, ou um circuito particular para o trabalho de idosos com a determinação específica de tarefas especiais.

Em alguns países, o aposentado, quando ao invés de se afastar das atividades laborais permanece atuando no mercado de trabalho, sofre perda total ou redução do recebimento do benefício.

No Brasil, o idoso ao se aposentar não necessita afastar-se do trabalho para a manutenção integral do recebimento do benefício pecuniário, mas nestes casos voltará a contribuir para a Previdência Social e não terá nenhum outro benefício, salvo os relativos ao salário-família. Já a mulher aposentada que retorna ao trabalho mantém ileso o direito ao auxílio maternidade.

A Previdência Social brasileira vem atravessando, desde 1888, diversas transformações conceituais e estruturais com alterações no coeficiente de cobertura, no elenco de benefícios oferecidos e na forma de financiamento do sistema. Com o crescente aumento da longevidade populacional e o conseqüente aumento do número de aposentados, o cenário da Previdência Social, que hoje já é desolador, para o futuro presume-se de insolvência total.

Determinados países já começam a padecer com o crescente aumento da perda de mão-de-obra capacitada para a aposentadoria. O número de afastamento de sua força de trabalho gera efeitos econômicos negativos seja com a perda da produtividade ou com o aumento de pagamentos de aposentadorias.

E qual será a atividade econômica a ser desenvolvida por este grupo?

Diversas experiências vêm demonstrando a utilidade de manter o trabalho do idoso e desvendar a sua competência e a sua experiência em um ambiente mais adequado e seletivo.

## As Alterações Orgânicas

Acima de 40 anos de idade começam a ocorrer diversas alterações físicas e mentais, na população em geral, com intensidade maior na mulher do que nos homens. Algumas intercorrências mórbidas se instalam, sejam de modo abrupto ou crônico, promovendo modificações gerais nos hábitos de vida.

Repentinamente, a pessoa começa a se dar conta das alterações pelas quais está passando, e aí advêm as questões: Por que não consigo mais fazer o esforço físico que até recentemente eu fazia? Por que eu tenho tido tanto esquecimento? Por que eu tenho tido tantos calores? Por que eu sinto tanto cansaço? Por que eu tenho estado tão irritado?

Compreender e aceitar estas transformações, adaptando as habilidades, é o grande trunfo da experiência. Um adágio popular diz que "o idoso faz o mesmo que o jovem faz só que com mais cautela e utilizando um tempo maior". Portanto, não é necessário violentar o organismo, devemos aprender a identificar e respeitar as limitações individuais e utilizarmos as técnicas médicas para obtermos melhores resultados.

O aproveitamento da mão-de-obra do idoso ainda é uma incógnita, um desafio, um diamante a ser lapidado. Ao que parece, na sociedade reina o estigma de que a ação do tempo sobre as pessoas se processa de forma incapacitante. Não se pode negar que com o passar do tempo ocorrem diversas limitações quer físicas ou psíquicas, mas é irreal se pensar que a mão-de-obra após os 60 anos não possa ser utilizada.

O mercado de trabalho oferece poucas chances aos que chegam à maturidade. A partir dos 45 anos a dificuldade de inserção nas organizações impera, como se somente aos mais jovens fosse dada a capacidade produtiva. Mesmo aos jovens inexperientes o mercado é restrito. Assim, temos de um lado a experiência e a idade madura, aliadas à jovialidade e, de outro, à inabilidade, ambas fora do mercado produtivo.

CAPÍTULO 2

# Trabalho e Qualidade de Vida

*"Will you still need me, will you still feed me,
when I'm sixty-four?"* — *"Você ainda vai me querer,
ainda vai me dar de comer, quando eu tiver 64 anos?"*

(LENNON/McCARTNEY)

---

Promoção da Saúde no Trabalho, 15

Idosos e Tipos de Atividade, 15

Condicionamento Físico e Capacitação Intelectual do Idoso, 16

---

## Promoção da Saúde no Trabalho

O aumento da longevidade trouxe como um de seus efeitos a necessidade da reinserção no mercado de trabalho. O que outrora era o afastamento para o repouso da aposentadoria, hoje é a obrigação de permanecer atuante.

Além do empenho para trabalhar e sentir-se útil em um mercado altamente competitivo, o idoso precisa manter-se ativo também para a complementação de seus rendimentos pessoais e familiares.

## Idosos e Tipos de Atividade

Os idosos podem atuar em diversos setores da economia, em diversas atividades e ocupações, tanto na área urbana quanto na área rural. Ao se analisar a inserção da mão-de-obra acima de 60 anos no mercado de trabalho entre 1990 e 2004 (dados do MPAS), observa-se que a oferta de trabalho para este grupo etário tem gerado empregos para cerca de 320 mil idosos a cada ano, embora a grande maioria desta população seja constituída por aposentados.

Segundo dados do IPEA, do total de idosos ativos, 49% estão inseridos no setor de serviços, já que com a idade, obviamente há um decréscimo de demanda entre os trabalhadores que dependem de força física para o desenvolvimento das atividades.

Habitualmente, quando se pensa em trabalho do idoso, imagina-se o meio urbano como o de maior preponderância já que a maior parte da população idosa encontra-se aí inserida; entretanto, as atividades agrícolas representam o segundo lugar entre as ocupações dos idosos, cerca de 39% da força de trabalho.

A jornada de trabalho para o homem idoso, principalmente entre os idosos mais jovens, é a integral (acima de 40 horas), diminuindo de acordo com a idade. Entre as mulheres idosas, existe uma tendência à ocupação em tempo parcial, assim como há uma menor disposição para a atuação laboral.

Existem diferenças importantes tanto quanto a ocupação, como quanto a jornada de trabalho, entre o setor urbano e o setor rural. Contudo, o interesse e a necessidade do idoso em manter-se atuante estão presentes em todas as áreas.

## Programas de Promoção à Saúde e Prevenção às Doenças no Trabalho

# Condicionamento Físico e Capacitação Intelectual do Idoso

Os Programas de Condicionamento Físico e de Capacitação Intelectual sabidamente melhoram a qualidade e a expectativa de vida do idoso. Para se evitar que haja um decréscimo acentuado de suas aptidões físicas e mentais, diversas têm sido as propostas para a melhoria da capacitação e da qualidade de saúde. A aplicação dos Programas de Condicionamento Físico e de Capacitação Intelectual tem por objetivo disseminar o emprego de ações preventivas e terapêuticas com a conseqüente melhora da saúde na população acima de 40 anos e, principalmente, em indivíduos idosos.

As atividades físicas e intelectuais devem ser estimuladas como promotoras de saúde para incentivar a adesão e a participação do trabalhador; podem ser promovidas em local apropriado na própria empresa, em locais próprios, conveniados, terceirizados em estúdios especializados ou mesmo individualmente pelo idoso em seus momentos de lazer, com norteamento do serviço médico da empresa. A implantação dos Programas de Condicionamento Físico e de Capacitação Intelectual para o idoso deve ser sempre precedida de avaliação médica que leve em consideração os diferentes níveis da aptidão física e de equilíbrio emocional. O teste ergométrico é de grande valia, porém a sua carência não é impeditiva para a aplicação do Programa de Capacitação Física.

A prática habitual de exercícios como caminhadas, ciclismo ou mesmo o emprego de atividades leves para o Condicionamento Físico, assim como o hábito da leitura, jogos, cinema, teatro e a participação em reuniões e integração social para o Condicionamento Intelectual, são promotores de Prevenção Individual aos riscos de adquirir ou de perpetuar doenças tratáveis e recuperáveis.

O incentivo à adesão aos programas deve estar sempre aliado à orientação de um médico, através do médico do trabalho gestor ou quando, por resolução própria do trabalhador, com a assistência do médico clínico particular.

Os conceitos prevencionistas atuais e as experiências clínicas geriátricas, quando aplicados de forma prática e objetiva, visam ampliar o estímulo aos programas da atividade física e do desenvolvimento intelectual pelos parceiros participantes. O gestor de Recursos Humanos deve estar atento para a melhoria da qualidade de vida de seus funcionários e incentivar a inclusão de seus funcionários nos programas de Saúde Física e de Saúde Intelectual.

As evidências clínicas mostram que o melhor modo de promover a saúde e prevenir as doenças no idoso é atacar seus problemas médicos mais freqüentes, dentre eles as doenças cardiovasculares, consideradas a principal causa de morte nesta faixa etária e diretamente ligada ao sedentarismo.

A incapacidade física e a dependência são as maiores adversidades da saúde associadas ao envelhecimento. As principais causas advêm de doenças crônicas, como o diabetes e as dislipidemias, incluindo ainda as seqüelas dos acidentes vasculares encefálicos, as fraturas muitas vezes propiciadas por quedas constantes, as osteomioartroses, as doenças cardiovasculares, as demências como o Alzheimer, os quadros de depressão, de Parkinson, entre outras.

A adoção de estratégias de prevenção, como a implantação do Programa de Condicionamento Físico com a prática de atividade física regular, assim como a implementação de um Programa de Capacitação Intelectual promovendo um adequado desempenho da função cognitiva, podem promover a melhora funcional e prevenir o aparecimento destas incapacidades.

O envelhecimento é um processo ininterrupto, período este em que ocorre um declínio contínuo de todos os níveis biológicos e nos processos fisiológicos. O cérebro e o sistema nervoso também envelhecem. Na mulher, por exemplo, após os 60 anos, inicia-se uma série de alterações de diminuição de metabolismo cerebral, com a perda de volume do cérebro, o mesmo acontecendo com os homens após os 70 anos.

Quando se adotam hábitos de uma vida ativa e saudável, principalmente através destes programas, podemos retardar as alterações morfofuncionais que ocorrem com a idade. Estes programas são recomendados para a melhoria da função cardiovascular, manutenção da densidade mineral óssea, prevenção da perda da massa muscular, aprimoramento e ampliação da capacidade cognitiva.

As relações entre as alterações cognitivas e o envelhecimento são determinantes para se pôr em prática, o mais rápido possível, uma rotina de exercícios específicos, sejam em Programa de Condicionamento Físico ou de Condicionamento Intelectual, para o adestramento das funções cognitivas da linguagem e o treinamento da memória, permitindo a obtenção da desejada autonomia.

A avaliação médica ocupacional pré-participação é fundamental, sempre que se objetivar uma aplicação voltada para o trabalho. As alternativas de avaliação vão desde o exame clínico inicial e a aplicação de questionários simples até exames sofisticados, na dependência de cada caso.

Os principais objetivos do exame clínico são: a identificação de doenças pregressas e atuais, a avaliação do estado nutricional, avaliação do uso de medicamentos, das limitações músculo-esqueléticas e do nível atual de capacitação física e mental.

Estes exames médicos periódicos são recomendados também aos idosos que pretendem desenvolver seu próprio negócio, como parte de todo o projeto de Planejamento Estratégico Empresarial. É necessário ao empreendedor o conhecimento do próprio organismo para que avalie até que nível pode exigir de sua saúde atual e planeje como ampliar a sua capacidade futura de saúde, seja física ou intelectual. Aconselha-se que o empresário procure um médico do trabalho que, por sua experiência, é o especialista que poderá oferecer melhores subsídios para a prevenção e manutenção de sua saúde no trabalho. É um erro a idéia de que somente o empregado deve submeter-se a exames médicos relacionados ao trabalho; o executivo deve procurar manter-se sadio já que é ele quem gera os empregos.

Outro erro é o empresário recorrer aos famosos "check-ups" sem uma avaliação posterior de um médico do trabalho. Não basta ter a sensação de não ter problemas de saúde constatados laboratorialmente, é necessário estar prevenindo os agravos decorrentes do trabalho, principalmente quando já se é adulto maduro, pré-idoso ou idoso. Não há limite de idade para quem quer empreender, mas todo negócio tem riscos e por isto o idoso tem que investir em saúde.

A avaliação médica ocupacional pré-participação deve fazer parte de qualquer programa empreendedor. Nesta ocasião podem ser feitas previsões de tratamentos e prevenções de quadros recorrentes.

O planejamento de um programa empreendedor é o guia para o comprometimento de qualquer executivo, mormente do idoso que está empreendendo pela primeira vez. É através dele que se define o que se deseja realizar e o que se almeja alcançar.

Todos os projetos têm como características comuns as seguintes fases: o objetivo a que se destina; a previsão de tempo para a sua implantação; os recursos para a sua execução e a monitorização de seu desempenho.

Um programa empreendedor deve visar obrigatoriamente a saúde de seus gestores. No estágio reservado aos recursos para implementação, o subitem recursos humanos deve considerar o fator saúde como primordial. A menor flexibilidade física ou a baixa do déficit cognitivo, advindas com a idade, pode gerar graves conseqüências na execução de um planejamento, produzindo muitas vezes afastamentos indesejados ocasionando inclusive a mortalidade empresarial.

A longevidade exige a participação ativa para que possa ser desfrutada. Nada vem de graça. Manter-se ativo é a chave para tirar proveito desta conquista. A manutenção de atividades físicas, de atividades intelectuais, a participação comunitária, incluindo-se aí a religiosidade e o amor, seja entre os familiares ou mesmo em conquistas sexuais, a adoção de uma dieta saudável e os cuidados básicos de higiene e de saúde são fatores essenciais para a projeção futura.

CAPÍTULO 3

# Legislação em Saúde Ocupacional do Idoso

*"Em qualquer lugar que seja, que a idade
não distinga ou prejudique a ordem."*
(São Bento, Regra 63)

O Envelhecimento Humano e o Trabalho, 23

Estatuto do Idoso – Capítulo V – da Profissionalização e do Trabalho, 24

Programa de Controle Médico de Saúde Ocupacional, 25

Serviços de Saúde no Trabalho, 26

Programa de Controle Médico de Saúde Ocupacional – PCMSO – NR 7, 29

O PCMSO e o Idoso, 32

Exames Ocupacionais e a Multidisciplinaridade em Saúde, 33

As Doenças Ocupacionais e os Acidentes de Trabalho, 34

Programa de Prevenção de Riscos Ambientais (PPRA), 35

## O Envelhecimento Humano e o Trabalho

A referência à Terceira Idade, muitas vezes, provoca a impressão de necessidade de amparo, caracterizando um ceticismo às habilidades do idoso tão exagerado como a própria idéia de invalidez.

A idade não está relacionada com a competência para inovar ou empreender. É constante na História da Humanidade a significante presença de líderes idosos. O talento e as habilidades de tomar decisões são relativos à liderança e não são danificados pela idade, e se de um lado podem sofrer alterações devido a patologias demenciais degenerativas, de outro podem estar contemplados com a experiência adquirida com os anos vividos.

É importante analisar a tendência de crescimento da participação dos idosos no grupo de trabalhadores brasileiros. Segundo dados da Federação do Comércio do Rio de Janeiro, 27% dos idosos voltam a trabalhar, no mercado formal de trabalho, após a aposentadoria.

Para uma melhor compreensão da manutenção do idoso no mercado de trabalho, é fundamental que se avaliem quais as características do idoso que retorna ao trabalho, o que o leva a manter-se trabalhando após a aposentadoria e ainda em que tipos de atividades o idoso pode se inserir.

O Brasil é, atualmente, um dos países que envelhece mais rapidamente e esse processo se dá mais intensamente nas faixas etárias longevas de maior idade, ou seja, acima dos 85 anos.

É importante que se constate a diversidade de grupos etários existentes nesta fase distinta de vida, para se entender qual o papel do idoso na sociedade produtiva. Segundo dados do IPEA, entre os idosos do sexo masculino, 72,6% trabalham 40 ou mais horas por semana, e entre eles 12,7% percebem um rendimento inferior ao salário mínimo mensal.

Os dados da Federação do Comércio demonstram que a complementação de renda foi o fator principal para o retorno ao mercado de trabalho de 63% dos aposentados, sendo que entre estes 52% declararam que o retorno ao trabalho os deixou bem mais felizes porque não gostam de ficar em casa e almejavam ocupar o tempo livre.

A perda de alguns papéis sociais, como a saída da atividade econômica e o aparecimento de doenças crônicas e degenerativas, faz com que o desejo de continuar produzindo em um mercado economicamente ativo supere o medo de ser considerado ultrapassado. Embora entre as características do grupo estejam o crescimento das vulnerabilidades físicas e mentais e a proximidade da morte, os Cursos e as Universidades da terceira idade vêm preparando homens e mulheres acima de 60 anos para adquirirem novos conhecimentos que podem ser utilizados no mercado de trabalho. Quem discrimina o idoso, impedindo o acesso a informações, instrução, cuidados básicos de saúde ou trabalho pode até ser processado judicialmente.

Até o momento não existem experiências específicas voltadas para o idoso empreendedor ou para atividades laborais determinadas. Também não existe legislação específica que facilite ou incentive o idoso a investir em atividade rentável para si e para a nação, gerando mais empregos e repasse de experiências.

Os governos são responsáveis por implantar políticas públicas pertinentes e a sociedade deve participar de sua elaboração e de seu controle.

A sociedade é responsável pela luta contra o preconceito e a intolerância. Os idosos têm direito a escolher uma profissão, a se especializar e a se atualizar. Têm direito ainda a estudar e a estagiar para aprimorar as suas competências.

O Estatuto do Idoso foi elaborado e sancionado no intuito de ajudar o idoso a lutar pelos seus direitos e proteger todos os cidadãos acima de 60 anos garantindo "todas as oportunidades e facilidades para preservação de sua saúde física e mental e seu aperfeiçoamento moral, intelectual, espiritual e social em condições de liberdade e dignidade".

## Estatuto do Idoso – Capítulo V – da Profissionalização e do Trabalho

Art. 26. O idoso tem direito ao exercício de atividade profissional, respeitadas suas condições físicas, intelectuais e psíquicas.

Art. 27. Na admissão do idoso em qualquer trabalho ou emprego, é vedada a discriminação e a fixação de limite máximo de idade, inclusive para concursos, ressalvados os casos em que a natureza do cargo o exigir.

Parágrafo Único. O primeiro critério de desempate em concurso público será a idade, dando-se preferência ao de idade mais elevada.

Art. 28. O Poder Público criará e estimulará programas de:

I – profissionalização especializada para os idosos, aproveitando seus potenciais e habilidades para atividades regulares e remuneradas;

> II – preparação dos trabalhadores para a aposentadoria, com antecedência mínima de 1 (um) ano, por meio de estímulo a novos projetos sociais, conforme seus interesses, e de esclarecimento sobre os direitos sociais e de cidadania;
> III – estímulo às empresas privadas para a admissão de idosos ao trabalho.

O Estatuto do Idoso, apesar de fazer menção ao trabalho do idoso, vedando a discriminação e incentivando a profissionalização, ainda carece de regulamentação específica de seus artigos.

O enfoque maior desta legislação está na permanência do idoso como empregado sem nenhum incentivo ao empreendedorismo deste grupo populacional. Contudo, observa-se que o artigo 26 pode abrir chances ao financiamento para o empreendedorismo desde que avaliadas as condições físicas, intelectuais e psíquicas do idoso.

No parágrafo II do artigo 28 há menção explícita quanto ao preparo do idoso para sua aposentadoria, sem delinear o programa a ser seguido ou a que se destina este preparo, se para trabalhar ou para desfrutar os prazeres do ócio previstos para a aposentadoria. Isto visa facilitar a que sejam implantados programas de apoio ao empreendimento na Terceira Idade.

Quando consultamos a Legislação Trabalhista para verificarmos que tipo de proteção diferenciada tem o trabalhador idoso, constatamos a sua inexpressividade e ineficiência total em termos de prevenção às doenças e proteção à saúde, principalmente em uma era em que as pessoas estão se aposentando com idade cada vez mais distendida.

## Programa de Controle Médico de Saúde Ocupacional

A atenção à Saúde no Trabalho para todos os trabalhadores está determinada no Programa de Controle Médico de Saúde Ocupacional (PCMSO) que também não faz referência específica à saúde do trabalhador idoso.

Mesmo a Convenção 161 da Organização Internacional do Trabalho (OIT), órgão ao qual o Brasil é afiliado como país signatário, sequer privilegia em qualquer de seus artigos a proteção à Saúde do Idoso.

O PCMSO é a normatização que trouxe as mudanças mais importantes para a saúde dos trabalhadores, principalmente no aspecto epidemiológico, e foi elaborado baseado nas referências da Convenção 161 da OIT. Tem como objetivo a promoção e a preservação da saúde dos trabalhadores de uma empresa. Sua forma de atuação é através da prevenção e do diagnóstico precoce dos agravos à saúde relacionados ao trabalho, através do rastreamento de saúde por exames clínicos e exames laboratoriais complementares.

Atua também no diagnóstico tardio constatando a presença de doenças ocupacionais ou seqüelas à saúde do trabalhador, provenientes do tipo de atividade. Por isso, recomenda-se a sua implantação de acordo com o ambiente de trabalho de cada empresa.

## Serviços de Saúde no Trabalho

A atual normatização nacional sobre Serviços de Saúde no Trabalho está agrupada no PCMSO e tem também sua origem a partir da Convenção 161 da Organização Internacional do Trabalho (OIT) por Convênio Internacional firmado desde 1985. Ao elaborar a redação do atual Convênio, a OIT levou em consideração as experiências anteriores em indústrias e serviços brasileiros, assim como os elementos fornecidos pelos diversos países signatários. Todas as informações foram levadas em consideração e avaliadas em conjunto principalmente por se tratar de uma resolução tripartite, envolvendo representantes de trabalhadores, patronais e governamentais. Durante a reunião foram rememorados os Convênios e Recomendações Internacionais do Trabalho existentes sobre a matéria, que estabelecem os princípios de uma política nacional.

A Conferência Geral da OIT convocada em Genebra pelo Conselho de Administração do Departamento Internacional do Trabalho reuniu-se no dia 7 de junho de 1985, levando em consideração que a proteção da saúde dos trabalhadores contra as **doenças, sejam elas de origem profissional ou não e contra os acidentes do trabalho**, constitui uma das tarefas designadas à OIT pela sua Constituição.

O contexto que estabelece os aspectos relacionados aos serviços de saúde no trabalho foi analisado e, depois de terem sido aceitas diversas propostas e verificado que estas distinguiam a forma de um Convênio Internacional, adotou-se então o Convênio sobre os **Serviços de Saúde no Trabalho**, em 1985.

O Convênio e alguns de seus artigos considerados de interesse para o tema do trabalho do idoso estão citados a seguir (os grifos e comentários são nossos):

**Parte I. Princípios de Uma Política Nacional**

**Artigo 1** – Para os efeitos do presente Convênio:

1. A expressão "Serviços de Saúde no Trabalho" designa a implantação de serviços investidos de funções essencialmente preventivas e encarregados de assessorar o empregador, os trabalhadores e os seus representantes na empresa sobre:

   a) os requisitos necessários para estabelecer e conservar um meio ambiente de trabalho seguro e sadio que favoreça uma **saúde física e mental** ótima em relação com o trabalho **(em qualquer idade)**;

   b) a adaptação do trabalho às capacidades dos trabalhadores, **tendo em conta seu estado de saúde física e mental**.

**Artigo 2** – Diante das condições e da prática nacionais e mediante consulta às organizações de empregadores e de trabalhadores mais representativas, quando existirem, todo país membro deverá formular, aplicar, reexaminar periodicamente uma política nacional coerente sobre Serviços de Saúde no Trabalho **(Após avaliação do número de idosos que retornam às atividades laborais e suas condições no trabalho)**.

**Artigo 3** – Todo membro se compromete a:

1. Estabelecer progressivamente serviços de Saúde no Trabalho **para todos os trabalhadores**, incluídos os do setor público e os membros das cooperativas de produção, em todas as áreas de atividade econômica e em todas as empresas. As disposições adotadas devem ser adequadas e apropriadas aos riscos específicos que prevaleçam nas empresas.

**Parte II. Funções**

**Artigo 5** – Sem prejuízo da responsabilidade de cada empregador a respeito da saúde e da segurança dos trabalhadores que emprega e considerando a necessidade de que os trabalhadores participem em matéria de saúde e segurança no Trabalho, os Serviços de Saúde no Trabalho deverão assegurar as funções seguintes que sejam adequadas e apropriadas aos riscos da empresa para a saúde no trabalho:

a) identificação e avaliação dos riscos que possam afetar a saúde no lugar de trabalho;

b) vigilância dos fatores do meio ambiente de trabalho e das práticas de trabalho que possam afetar a saúde dos trabalhadores, incluídas as instalações sanitárias, refeitórios e alojamentos, quando estas facilidades forem proporcionadas pelo empregador;

c) assessoramento sobre o planejamento e a organização do trabalho, incluído o desenho dos lugares de trabalho, sobre a seleção, a manutenção e o estado da maquinaria e dos equipamentos e sobre as substâncias utilizadas no trabalho;

d) participação no desenvolvimento de programas para o melhoramento das práticas de trabalho, bem como nos testes e a avaliação de novos equipamentos, com relação à saúde de todos os trabalhadores;

e) assessoramento em matéria de saúde, de segurança e de higiene no trabalho e de ergonomia, bem como em matéria de equipamentos de proteção individual e coletiva;

f) vigilância da saúde dos trabalhadores em relação com o trabalho;

g) fomento da adaptação do trabalho aos trabalhadores **(incluído o treinamento de idosos)**;

h) assistência em prol da adoção de medidas de reabilitação profissional;

i) colaboração na difusão de informações, na formação e educação em matéria de saúde e higiene no trabalho e de ergonomia;

j) organização dos primeiros socorros e do atendimento de urgência;

k) participação na análise dos acidentes do trabalho e das doenças profissionais.

**Parte IV. Condições de Funcionamento**

**Artigo 13** – Todos os trabalhadores deverão ser informados dos riscos à saúde que existem no seu trabalho.

**Artigo 14** – O empregador e os trabalhadores deverão informar aos serviços de Saúde no Trabalho de todo fator conhecido e de todo fator suspeito do meio ambiente de trabalho que possa afetar a saúde dos trabalhadores.

**Artigo 15** – Os Serviços de Saúde no Trabalho deverão ser informados dos casos de doença entre os trabalhadores e das ausências do trabalho por razões de saúde, a fim de poder identificar qualquer relação entre as causas de doença ou de ausência com os riscos para a saúde que podem apresentar-se nos lugares de trabalho. Os empregadores não devem encarregar o pessoal dos Serviços de Saúde no Trabalho que verifique as causas da ausência do trabalho.

## Programa de Controle Médico de Saúde Ocupacional – PCMSO – NR 7

O Governo Brasileiro, apoiado no Convênio com a OIT, adotou a seguinte normatização estabelecendo a obrigatoriedade de elaboração e implementação, por parte de todos os empregadores e instituições que admitam trabalhadores como empregados, do Programa de Controle Médico de Saúde Ocupacional – PCMSO, com o objetivo de promoção e preservação da saúde do conjunto dos seus trabalhadores.

7.2. Das Diretrizes.

7.2.1. O PCMSO é parte integrante do conjunto mais amplo de iniciativas da empresa no campo da saúde dos trabalhadores, devendo estar articulado com o disposto nas demais NR.

7.2.2. O PCMSO deverá considerar as questões incidentes sobre o indivíduo e a coletividade de trabalhadores, privilegiando o instrumental clínico-epidemiológico na abordagem da relação entre sua saúde e o trabalho.

7.2.3. O PCMSO deverá ter caráter de prevenção, rastreamento e diagnóstico precoce dos agravos à saúde relacionados ao trabalho, inclusive de natureza subclínica, além da constatação da existência de casos de doenças profissionais ou danos irreversíveis à saúde dos trabalhadores.

7.2.4. O PCMSO deverá ser planejado e implantado com base nos riscos à saúde dos trabalhadores, especialmente os identificados nas avaliações previstas nas demais NR.

7.4. Do Desenvolvimento do PCMSO.

7.4.1. O PCMSO deve incluir, entre outros, a realização obrigatória dos exames médicos:

a) admissional;
b) periódico;
c) de retorno ao trabalho;
d) de mudança de função;
e) demissional.

7.4.2. Os exames de que trata o Item 7.4.1 compreendem:

a) avaliação clínica, abrangendo anamnese ocupacional e exame físico e mental;
b) exames complementares, realizados de acordo com os termos específicos nesta NR e seus anexos.

7.4.2.3. Outros exames complementares usados normalmente em patologia clínica para avaliar o funcionamento de órgãos e sistemas orgânicos podem ser realizados, a critério do médico coordenador ou encarregado, ou por notificação do médico agente da inspeção do trabalho, ou ainda decorrente de negociação coletiva de trabalho.

7.4.3. A avaliação clínica referida no Item 7.4.2, alínea "a", como parte integrante dos exames médicos constantes no Item 7.4.1, deverá obedecer aos prazos e à periodicidade conforme previstos nos subitens abaixo relacionados:

7.4.3.1. O exame médico admissional deverá ser realizado antes que o trabalhador assuma suas atividades;

7.4.3.2. **O exame médico Periódico, de acordo com os intervalos mínimos de tempo abaixo discriminados:**

a) **para trabalhadores expostos a riscos ou a situações de trabalho que impliquem o desencadeamento ou agravamento de doença ocupacional, ou, ainda, para aqueles que sejam portadores de doenças crônicas, os exames deverão ser repetidos:**

a.1) **a cada ano ou a intervalos menores, a critério do médico encarregado, ou se notificado pelo médico agente da inspeção do trabalho, ou, ainda, como resultado de negociação coletiva de trabalho;**

a.2) de acordo com a periodicidade especificada no Anexo n° 6 da NR 15, para os trabalhadores expostos a condições hiperbáricas.

b) para os demais trabalhadores:

b.1) **anual, quando** menores de 18 (dezoito) anos e **maiores de 45 (quarenta e cinco) anos de idade**;

b.2) a cada dois anos, para os trabalhadores entre 18 (dezoito) anos e 45 (quarenta e cinco) anos de idade.

7.4.3.3. O exame médico de retorno ao trabalho deverá ser realizado obrigatoriamente no primeiro dia da volta ao trabalho de trabalhador ausente por período igual ou superior a 30 (trinta) dias por doença ou acidente, de natureza ocupacional ou não, ou parto.

7.4.3.4. O exame médico de mudança de função será obrigatoriamente realizado antes da data da mudança.

7.4.3.4.1. Para fins desta NR, entende-se por mudança de função toda e qualquer alteração de atividade, posto de trabalho ou de setor que implique a exposição do trabalhador à risco diferente daquele a que estava exposto antes da mudança.

7.4.3.5. O exame médico demissional será obrigatoriamente realizado até a data da homologação (**Salvo em condições específicas previstas nesta NR**).

7.4.6. O PCMSO deverá obedecer a um planejamento em que estejam previstas as ações de saúde a serem executadas durante o ano, devendo estas ser objeto de relatório anual.

7.4.6.1. O relatório anual deverá discriminar, por setores da empresa, o número e a natureza dos exames médicos, incluindo avaliações clínicas e exames complementares, estatísticas de resultados considerados anormais, assim como o planejamento para o próximo ano.

7.4.8. **Sendo constatada a ocorrência ou agravamento de doenças profissionais, através de exames médicos que incluam os de-**

finidos nesta NR; ou sendo verificadas alterações que revelem qualquer tipo de disfunção de órgão ou sistema biológico, através dos exames realizados, mesmo sem sintomatologia, caberá ao médico coordenador ou encarregado:

a) solicitar a emissão da Comunicação de Acidentes do Trabalho (CAT).

b) indicar, quando necessário, o afastamento do trabalhador da exposição ao risco, ou ao trabalho.

c) encaminhar o trabalhador à Previdência Social para o estabelecimento de nexo causal, avaliação de incapacidade e definição da conduta previdenciária em relação ao trabalho.

d) orientar o empregador quanto à necessidade de adoção de medidas de controle no ambiente de trabalho.

7.5. Dos Primeiros Socorros

7.5.1. Todo estabelecimento deverá estar equipado com material necessário à prestação de Primeiros Socorros, considerando-se as características da atividade desenvolvida; manter esse material guardado em local adequado e aos cuidados de pessoa treinada para esse fim.

# O PCMSO e o Idoso

No PCMSO não existe nenhuma preocupação específica com a saúde do idoso trabalhador. Nem mesmo, como já dissemos, na Convenção da OIT há qualquer referência a este grupo etário. O mais próximo que a normatização chega é quando trata do Exame Médico Periódico e se refere aos trabalhadores acima de 45 anos.

Até haver uma definição mais característica da legislação, os médicos podem utilizar os espaços oferecidos pela atual legislação, observando que determinadas síndromes e patologias inerentes à idade devem ser avaliadas. As particularidades da saúde dos idosos, entretanto, não são impeditivas de atuação laboral.

A avaliação, assim como as correções, deve ser preventiva. Incentivar os cuidados com a saúde evita acidentes, doenças e perda de produtividade. Mesmo fora da empresa, o idoso deve ser estimulado a procurar orientação multidisciplinar em saúde.

# Exames Ocupacionais e a Multidisciplinaridade em Saúde

Que a saúde do idoso difere da saúde em outras faixas etárias, isto é sabido, entretanto isto não significa invalidez ou deficiência.

Ao se examinar um paciente idoso, devemos sempre levar em consideração as diversas comorbidades que podem acompanhar este grupo etário. É sabido que determinadas doenças ocorrem com maior prevalência após os 60 anos, como, por exemplo, doenças metabólicas, cardiopatias, artropatias e outras, advindas muitas vezes dos excessos cometidos ao longo da vida. Os exames ocupacionais (admissionais, periódicos, demissionais, etc.) devem ser, portanto, adequados a este grupo, visando proporcionar maior conforto e rendimento no trabalho.

Muitas vezes estes exames necessitam ser realizados por um grupo de profissionais. Ao se assinalar a mutidisciplinaridade, composta por diversos profissionais da área de saúde, como fator de importância para a preservação da saúde do trabalhador idoso, logo vem à mente o fator financeiro, ficando a indagação: "Será que a empresa terá maiores gastos com saúde ao contratar trabalhadores idosos?".

A relação custo-benefício é sempre fator preponderante em qualquer ramo de atividade e não se pode transferir para as organizações o custo da falta de saúde do trabalhador. No caso específico do trabalhador sadio, porém idoso, não há que se pensar em custos com a saúde a não ser os já habituais e comuns à população trabalhadora como um todo.

É importante que as organizações se habituem à idéia de manter, em seus quadros funcionais, trabalhadores idosos e dêem início ao arranjo físico de áreas e postos de trabalho para o trabalhador acima de 60 anos, pois esta já é a realidade que estamos vivendo.

Em 1990, o número de trabalhadores registrados com mais de 60 anos de idade na Previdência Social era de 1.168.567; já no final do século passado, em 1999, este número alcançava a cifra de 4.440.765 registrados no trabalho. Este crescimento acelerado correspondente a 280% no período e nos mostra a força de absorção desta mão-de-obra.

Várias experiências de absorção de mão-de-obra vêm sendo aplicadas, principalmente no setor de serviços como em redes de *fastfood*, supermercados, setores de hotelaria, setores de serviços administrativos e de entrega. Diversos empreendimentos e cooperativas têm sido organizados e dirigidos por idosos. As notícias estão diariamente nos jornais, nas revistas e na mídia como um todo. É urgente compreendê-la e aplicá-la.

## As Doenças Ocupacionais e os Acidentes de Trabalho

As Doenças Ocupacionais são decorrentes da exposição ocupacional permanente a agentes físicos, químicos, biológicos, ergonômicos e arquitetônicos, relacionados ao ambiente de trabalho e que agridem continuamente o organismo do trabalhador.

Os Acidentes do Trabalho representam o mais grave problema de saúde do trabalhador. Suas conseqüências vão desde lesões temporárias, sem seqüelas e sem redução da capacidade laborativa até lesões incapacitantes definitivas podendo levar à morte.

Os Registros de Acidentes do Trabalho em nosso país, como demonstram diversas pesquisas, são surpreendentemente subnotificados em seus números oficiais, existindo diferentes motivos para este fato.

Entretanto, se nos detivermos a avaliar somente os eventos de acidentes e doenças ocupacionais, acontecidos em trabalhadores após os 60 anos, já verificaremos a alta prevalência destes episódios.

Utilizando os dados disponibilizados pela Previdência Social, apontamos o número total de afastamentos por Doenças Ocupacionais e Acidentes do Trabalho em trabalhadores acima de 60 anos, entre os anos de 2004 e até agosto de 2005, somente para a massa total de empregados idosos registrados:

- Aposentadoria por Invalidez por Acidente do Trabalho 9.583 (2004) 6.903 (até 8/2005).

- Auxílios Doença por Acidente do Trabalho 167.793 (2004) 106.219 (até 8/2005).

Note-se que, como o aposentado que retorna ao trabalho não tem direito a Auxílio-doença, nem mesmo por Acidente do Trabalho ou Doença Ocupacional, os dados apresentados são relativos somente aos empregados idosos acidentados não aposentados.

A definição previdenciária do Acidente de Trabalho é aquela que ocorre pelo exercício do trabalho a serviço da empresa, provocando lesão corporal ou perturbação funcional de caráter temporário ou permanente, podendo causar desde um simples afastamento laboral, a perda ou a redução da capacidade para o trabalho ou até a morte.

Os Acidentes do Trabalho ocorrem, habitualmente, em função de duas importantes características:

- **As Condições Inseguras** – ligadas ao ambiente de trabalho, como piso escorregadio, barreiras arquitetônicas, escadas sem corrimão e sem antiderrapantes, armazenamento inadequado de material, entre outros.

- **Os Atos Inseguros** – ligados a comportamentos e ações impróprias no trabalho, como a falta do uso de EPIs, falta de atenção à sinalização, desrespeito a normas.

Entretanto, as causas de Acidente do Trabalho (AT) por quedas em trabalhadores idosos podem ser ainda devidas a problemas relacionados à sua saúde, como: tonteiras, ordens mal compreendidas por problemas de audição, problemas visuais, dores musculares e articulares entre outros, possíveis de diagnóstico no exame médico.

No idoso, muitas vezes, os problemas visuais vão se instalando de maneira progressiva, de tal forma que se tornam "adaptáveis" e só são admitidos pelos pacientes como deficiências visuais quando ocorre uma perda visual acentuada ou quando há uma lesão orgânica mais séria devido a quedas, por exemplo.

## Programa de Prevenção de Riscos Ambientais (PPRA)

Tem como objetivo minimizar os riscos potenciais à saúde e à integridade física dos trabalhadores, através da melhoria no ambiente de trabalho. Para a preservação da saúde e da integridade física dos trabalhadores utiliza-se a avaliação ambiental através da Antecipação aos Riscos, do Reconhecimento dos Riscos, da Avaliação Qualitativa e Quantitativa dos Riscos e do Controle dos Agentes Agressores no ambiente de trabalho, tendo em consideração a proteção do meio ambiente e dos recursos naturais. É essencial a preservação da normalidade do ambiente humano e das relações pessoais a fim de garantir a integração do idoso; enfim, a manutenção de um ambiente de trabalho que respeite e valorize a todos.

Por isto, além dos agentes agressores habitualmente conhecidos como os provocados por meios físicos, químicos, biológicos e ergonômicos, devem-se levar em consideração as barreiras arquitetônicas provocadas pelo mau arranjo físico ambiental, sinalização e comunicação ineficientes, armazenamento inadequado, falta de proteção em máquinas e falta de uso de Equipamento de Proteção Individual (EPI).

CAPÍTULO 4

# Gestão em Saúde Ocupacional

*"Quando eu era jovem, um homem de 50 anos
me parecia velho e um de 70 até mesmo decrépito;
agora que tenho mais de 70 anos percebo que um homem
nesta idade pode ainda amar, empreender,
trabalhar, criar, em suma, viver."*

(PAPINI)

Empreendedorismo Sênior, 40

Seleção e Recrutamento de Mão-de-Obra, 41

Planos Governamentais no Brasil, 41

Requalificação para Trabalhadores Idosos, Reinserção no Mercado Produtivo, 42

O Idoso Trabalhador e a Recolocação no Emprego, 43

Recrutamento Interno, 44

O Idoso e a Família, 47

O que as Empresas Esperam dos Profissionais Idosos?, 48

Pessimismo/Negativismo na Vida e no Trabalho, 51

A gestão em saúde voltada ao desenvolvimento empresarial é uma proposta estratégica atual e que visa proporcionar efeitos de qualidade na expectativa de se alcançar melhores resultados em produtividade.

Uma excelente alternativa para o retorno dos investimentos aplicados em pessoal ao longo da vida laboral do trabalhador é o aproveitamento da mão-de-obra do idoso.

O desenvolvimento de um Programa de Gestão em Saúde Sênior no Trabalho objetiva:

- **A intervenção preventiva no ambiente de trabalho:**

  - No tipo de atividade.
  - No tempo de exposição do trabalhador idoso.

- **A atuação direta em suas ações funcionais**, propondo-se a sua maior permanência integrada ao trabalho, mantendo adequada produtividade.

- **O aproveitamento de toda a experiência intrínseca**, organizando programas de capacitação e manutenção de suas atividades físicas e intelectuais.

Este Programa foi idealizado para atender, prioritariamente, aos executivos cujo perfil etário se enquadre nas necessidades de atenção especial à saúde e cuja atividade laboral permita a continuidade de sua produtividade, evitando a necessidade de afastamento de suas funções ou de aposentadoria precoce.

É saudável e fecundo o idoso empreender mesmo procurando uma nova ocupação profissional. Seja como empresário ou como colaborador nas organizações, o que se almeja é promover o prolongamento de suas atividades laborais, sem que haja interferências de alterações cognitivas ou físicas comumente ligadas ao processo de envelhecimento e preveníveis ou tratáveis, sem o afastamento desta mão-de-obra ainda produtiva.

A ação em saúde com a adoção de medidas preventivas específicas em trabalhadores com faixa etária ampliada, principalmente em pessoas acima de 45 anos, permite que este investimento das organizações em sua mão-de-obra qualificada se transforme em maior produtividade por maior período de tempo, trazendo benefícios organizacionais e sociais.

Esta nova visão de saúde preventiva, privilegiando o grupo de adultos maduros, 45 a 54 anos; pré-idosos, 55 a 64 anos e idosos, 65 a 74 anos, permite que se ajuste a saúde do colaborador mantendo-o integrado à sociedade produtiva, desenvolvendo um trabalho de elevada qualidade, pela sua experiência e eficiência intrínseca, com melhores resultados e melhores lucros em um menor espaço de tempo.

O Programa de Gestão em Saúde Sênior intenciona adequar e complementar o que já é habitualmente ofertado no mercado aos demais funcionários e aos empresários não idosos, como por exemplo capacitação continuada principalmente na área tecnológica; participação em seminários com troca de experiências entre os participantes; atualização continuada em cursos nas diversas áreas relacionadas à sua atividade laboral e somar a isto, principalmente, a valorização do investimento pessoal e coletivo em saúde.

Por meio deste processo, as organizações conseguirão de seus parceiros a manutenção e o prolongamento da aplicabilidade dos conceitos absorvidos e desenvolvidos ao longo da vida empresarial, evitando o ônus funcional com afastamentos, sejam por doenças ou aposentadorias precoces, mas formando multiplicadores com Capacidade de Liderança que repassarão suas experiências para treinar os novos colaboradores para as organizações a que prestam serviços ou transferindo tecnologia para o próprio empreendimento.

## Empreendedorismo Sênior

O empreendimento moderno está longe de ser voltado para a resolução de problemas financeiros de seus donos, pelo passatempo do aposentado ou pelo amadorismo. É cada vez mais voltado ao profissionalismo e à estabilidade futura.

A proposta de estabilidade empresarial é ao mesmo tempo um desafio e um incentivo ao idoso que quer sempre ter a percepção de deixar a sua "marca" no mundo.

O sucesso do empreendimento dependerá da forma com que o executivo conjugue sua experiência e habilidades aos diversos fatores de conhecimentos e inovação, aliados a um bom trabalho de equipe.

A participação em cursos, palestras e a troca de experiências com outros empreendedores e trabalhadores da mesma faixa etária e do mesmo ramo ou afins, é benéfica do ponto de vista de saúde mental e da capacitação Intelectual; entretanto, há o risco de produzirem efeito deletério sobre a saúde física se for somente adotada uma postura sedentária.

Nunca se deve negligenciar das atividades físicas para um melhor padrão de saúde física.

Com estes cuidados, os empreendedores idosos permanecerão mais seguros "com os pés no chão" e com maior interesse em continuar empreendendo, evitando a mortalidade prematura de empresas recém-formadas e a morbidade e mortalidade de seus donos.

## Seleção e Recrutamento de Mão-de-Obra

Determinadas instituições, possuidoras de um melhor entendimento administrativo contemporâneo e conhecedoras de suas missões sociais, vêm adotando uma política de recursos humanos baseada na heterogeneidade entre seus parceiros, aproveitando, inclusive, o trabalho de profissionais idosos, observando os diferenciais existentes dos diversos componentes populacionais entre os subgrupos de idosos. A empresa deve estabelecer políticas adequadas de modo que ambas as partes se sintam favorecidas.

## Planos Governamentais no Brasil

Os incentivos governamentais para o emprego da mão-de-obra da terceira Idade, previstos no Estatuto do Idoso, podem propiciar grande impulso às empresas que adotarem este tipo de critério. Os governantes deveriam não só estimular a oferta de mão-de-obra nas empresas, como também instituir linhas específicas de auxílio ao empreendedor idoso, criando critérios sociais justos, avaliando inclusive a saúde do proponente.

Alguns programas governamentais como, por exemplo, o Plano Nacional de Qualificação do Trabalhador (PLANFOR), incluem o idoso trabalhador em sua competência.

A partir de março de 1999 a Secretaria de Formação e Desenvolvimento Profissional do Governo Federal elaborou um plano de "Qualificação Profissional para Trabalhadores da Terceira Idade". Segundo os seus mentores, o Plano foi elaborado não como um programa de treinamento em massa, mas como estratégia para a construção gradativa e participativa de políticas públicas de trabalho e geração de renda, melhoria da competitividade e promoção da igualdade de oportunidade no mercado de trabalho.

É necessário que haja um maior investimento público, tanto do ponto de vista financeiro, propiciando financiamentos aos aposentados que desejam empreender, como do ponto de vista educativo, para facilitar o empreendedorismo para a população acima de 55 anos de idade.

Atualmente, os idosos que têm potencial ou pretendem ser empreendedores não recebem assistência prática e nem orientação sobre as oportunidades de negócio existentes no mercado e que se adequam a seu perfil.

Apenas uma pequena parcela populacional, melhor informada, que procura por meios próprios e consegue orientação técnica na hora de montar um negócio, evita decepções, perdas financeiras e conflitos jurídicos trabalhistas e contábeis, que corroem todo o seu patrimônio conquistado ao longo de sua vida.

Dentre as principais queixas do empresariado idoso para as dificuldades encontradas para o empreendedorismo estão: carga tributária elevada; burocracia excessiva; dificuldade de acesso à infra-estrutura; falta de crédito específico; falta de políticas públicas; medo de perder os bens conseguidos ao longo da vida; ausência de instituições de ensino para capacitar o idoso empreendedor; falta de um programa de saúde ocupacional que possa avaliar a sua capacidade física e mental e ajudá-lo a encarar esta nova etapa produtiva de sua vida.

A defasagem tecnológica em um mundo em que a tecnologia avança rapidamente pode representar um problema quando se tem medo da reciclagem. Não existem barreiras técnicas, existem sim entraves intelectuais.

## Requalificação para Trabalhadores Idosos Reinserção no Mercado Produtivo

Não existe uma legislação que proíba o trabalho de idosos; ao contrário, o Estatuto do Idoso protege o trabalhador idoso e incentiva a sua profissionalização. Portanto, não existe uma idade máxima para a requalificação profissional. Os trabalhadores acima de 16 anos podem se qualificar e se aperfeiçoar profissionalmente ao longo da vida inteira, o que lhes dará experiência ao se aposentarem e durante a sua idade avançada.

Para reduzir os níveis de desemprego e subemprego entre os trabalhadores idosos, é vital o entendimento de que deve ser aproveitada a experiência acumulada destes trabalhadores, para que eles aumentem a probabilidade de permanência no mercado de trabalho, de elevação da produtividade, da manutenção da competitividade e do acréscimo de renda.

Para garantir as necessidades de trabalho e subsistência das pessoas idosas, beneficiando a sua autonomia e favorecendo uma melhor inserção social e comunitária, foi assinado, em março de 1997, um protocolo de intenção para a implementação de Programas de Educação Profissional em Gerontologia Social, entre o Ministério do Trabalho e Emprego – MTE (Secretaria de Formação e Desenvolvimento Profissional – SEFOR) e o Ministério da Previdência Social – MPAS (Secretaria de Assistência Social – SAS).

Este programa tem por finalidade o desenvolvimento de atividades que garantam a educação profissional na área de gerontologia social, incluindo a requalificação profissional de trabalhadores idosos, com vistas a melhorar suas condições de empregabilidade, bem como a capacitação de instrutores em educação profissional, destinado a técnicos que atuam na área do envelhecimento, em organizações governamentais e não-governamentais.

Para execução dos diferentes programas existentes que beneficiam os idosos, têm sido utilizadas as mais diversas agências da rede nacional de educação profissional: fundações, universidades, sistema S, sindicatos, cooperativas, ONG's.

Foram propostos diversos seminários que têm como programa metodológico: palestras, debates, passeios, atividades práticas e desenvolvimento de cursos como artesanato, pintura, danças, música, leitura, nutrição, dietas, sexualidade na 3ª idade, desenvolvimento da auto-estima, busca da qualidade de vida e como participar das atividades de lazer oferecidas nas comunidades.

## O Idoso Trabalhador e a Recolocação no Emprego

Os profissionais idosos têm os mesmos direitos e deveres de todo trabalhador. Atualmente algumas empresas vêm utilizando os profissionais da terceira idade em conjunto ou em substituição ao trabalho dos mais jovens em determinadas funções. Um trabalhador comprometido realiza melhor suas atividades propiciando maior produtividade à empresa.

Casos, como a substituição do *officeboy* por "office-sênior", vem sendo noticiados pela imprensa como a grande vantagem na utilização de uma mão-de-obra de maior responsabilidade, gerando novas funções no mercado, com novas características. Empresas de refeições rápidas *(fast-food)*, supermercados e outras do ramo de serviços vêm também utilizando com grande serventia a mão-de-obra de terceira idade.

A realização de um processo de contratação de mão-de-obra específico na empresa deve exigir a competência necessária para o cargo, levando em consideração o direito de trabalhar em igualdade de condições. A legislação determina que no Serviço Público, em caso de empate no processo seletivo, o idoso tenha preferência na contratação.

Embora não existam entraves sociais para o recrutamento, seleção e contratação de idosos, o preconceito na utilização destes trabalhadores ainda é grande. Hoje já existe uma maior diversidade de oferta de trabalho para os portadores de necessidades especiais, embora para o idoso ainda exista certa resistência.

O trabalhador idoso, entretanto, não deve entrar em atividade, principalmente se esta for de risco, sem treinamento específico e sem exame médico detalhado. Para o trabalho do idoso e do portador de necessidades especiais pressupõe-se que haja um espaço de trabalho sem barreiras arquitetônicas ou tecnológicas que permita o bom desenvolvimento laboral, sem interferências externas.

## Recrutamento Interno

O Recrutamento Interno é, a nosso ver, um dos programas de seleção mais positivos para o aproveitamento da mão-de-obra idosa, tanto para a empresa como para o trabalhador. Trata-se na realidade de um reaproveitamento interno da mão-de-obra experiente e que está prestes a se afastar para a aposentadoria.

Nessa proposta, para que esta escolha tenha pleno êxito, é necessário que o programa seja divulgado plenamente, permitindo a inscrição dos interessados mesmo entre os que já tenham se afastado há algum tempo e que se proponham a retornar. Deve ser aplicado através de uma metodologia avaliativa do desempenho das habilidades individuais integrais e não apenas funcionais, e que permita a possibilidade da participação de vários concorrentes de diferentes áreas e níveis da empresa na construção de um planejamento estratégico específico para a seleção.

Ao se observar as habilidades integrais certamente deve-se levar em consideração a saúde ocupacional do trabalhador ao se aposentar, oferecendo-se inclusive exames médicos periódicos para o acompanhamento de sua saúde.

Quando a empresa tem a visão de quantos e quais funcionários estão para se aposentar, pode desenvolver um planejamento de recrutamento interno entre estes trabalhadores oferecendo-lhes a participação em uma área especificamente desenvolvida para o aproveitamento desta mão-de-obra qualificada em especial.

Os efeitos econômicos advindos do aumento da longevidade populacional já estão sendo sentidos em determinados países, tanto nas empresas como nas esferas administrativas governamentais.

Há uma grande preocupação em afastar do trabalho por aposentadoria um grande número de trabalhadores altamente competentes em um período relativamente rápido, breve, após o investimento feito na capacitação da mão-de-obra.

Ao analisarmos, por exemplo, o Japão, país que detém o maior crescimento populacional entre idosos, observa-se que há previsão de que a força de trabalho diminuirá 16% nos próximos 25 anos, com a aposentadoria esperada de 10 milhões de pessoas.

Diversas empresas estão procurando utilizar novas metodologias de trabalho para diminuir essa lacuna provocada pela perda desta mão-de-obra. Assim, oferecendo linhas de produção mais confortáveis para os idosos, como está fazendo a Toyota ou a alemã BMW que recentemente construiu uma fábrica na Polônia, dando preferência explícita à contratação de pessoas com mais de 45 anos. Na americana Deere, fabricantes de equipamentos industriais, por exemplo, um terço dos 46 mil funcionários tem mais de 50 anos.

Já a empresa de tecnologia IBM americana usou de outra estratégia e idealizou uma rede de ex-funcionários, que é ativada quando há uma demanda por profissionais mais maduros e com experiência na empresa. Esta concepção de aproveitamento de mão-de-obra também já funciona na subsidiária brasileira da IBM.

Estes projetos sociais são tão esperados, valorizados e reconhecidos pela comunidade empresarial e pelos trabalhadores que os aposentados, nos Estados Unidos, que participam e voltam a trabalhar chegam a ser apelidados de "bumerangues".

No Brasil, a Petrobras também está atenta ao problema já que quase 4 mil funcionários (10% do quadro de empregados) estarão prontos a se aposentar até 2010, número bastante elevado, principalmente se somado aos 6% de funcionários que desde o ano de 2000 se aposentaram.

(Revista Época – Patrícia Cançado)

O sucesso desta metodologia faz com que se conheça o potencial individual dos envolvidos, sua aptidão para articular internamente e o seu potencial para acrescentar inovações ao ambiente de trabalho.

Os três dados essenciais para a formatação do Projeto de Reaproveitamento Interno de Trabalhadores Pré-Aposentadoria são: a inclusão, o reconhecimento e o acréscimo de responsabilidades:

- **Inclusão** – os funcionários idosos querem se sentir como parte integrante da empresa, querem estar atuantes e opinar sobre o destino de suas funções e da própria empresa.

- **Reconhecimento** – os idosos aspiraram ser reconhecidos pelos seus trabalhos. Desejam que as suas experiências sejam utilizadas em novas áreas e compartilhadas com os mais jovens. Esperam ser repassadores de conhecimento e formadores de novos profissionais.

- **Acréscimo de Responsabilidades** – os funcionários mais experientes almejam ter maior participação nas decisões da empresa. As pessoas, principalmente os idosos, desejam ser ouvidas e, quando isto ocorre, esses funcionários se comprometem com os resultados.

Do ponto de vista da empresa, a experiência concentrada neste funcionário, que pode ser repassada para os mais jovens, garante em muitos casos o retorno dos investimentos que foram feitos em treinamento de pessoal.

Muitas vezes é difícil encontrar no mercado pessoal especializado, qualificado e com perfil equiparado para atuação imediata e para a substituição do idoso. Itens como economia no recrutamento de nova mão-de-obra, rapidez no preenchimento do cargo, segurança por ter uma mão-de-obra já conhecida e avaliada anteriormente devem ser valorizados quando da realização do recrutamento interno.

Do ponto de vista do idoso, a motivação propiciada pela recontratação ou manutenção no cargo é forte fator de valorização com vislumbre de crescimento, levando-o a maior empenho e dedicação dentro da empresa. A valorização da mão-de-obra idosa passa a ser encarada como um incentivo para o incremento de novos anseios profissionais por todos os funcionários.

## O Idoso e a Família

O desemprego acima dos 50 anos é uma dura realidade, obrigando o idoso à procura de novos campos de trabalho para fazer frente ao seu sustento e ao de sua família, já que a aposentadoria cada vez é mais tardia.

A seus filhos, a sociedade moderna impõe uma maior permanência no lar dos pais, já que também ao jovem inexperiente as necessidades mercadológicas de uma formação profissional é mais demorada, protelando, inclusive, as uniões matrimoniais e demandando de mais tempo para se qualificar para o mercado de trabalho, mais tempo para os estudos e mais tempo para os treinamentos e estágios.

Porém, o que se nota é que exatamente no momento em que a família mais precisa da renda gerada por este trabalhador maduro ou idoso é quando o mercado rejeita essa mão-de-obra. Homens acima de 50 anos e mulheres acima de 40 anos têm uma restrição enorme no mercado atual de trabalho. E então, como sustentar o filho e as despesas com o lar?

A perda da saúde na família é um dos fatores de maior morbidade ou mortalidade entre os idosos. O efeito de uma internação hospitalar devido a problemas de saúde de um dos cônjuges está associado a uma redução física ou mental na saúde do outro, dificultando as suas habilidades laborais.

As ações empreendedoras entre os idosos devem ser incentivadas por iniciativas governamentais e empresariais. Exemplo de cunho social é o Concurso de Talentos da Maturidade promovido pelo BANCO REAL. As ações, entretanto, não devem ficar só nos concursos, mas também na aplicabilidade da idéia. É óbvio que através dos concursos se observam as diversas características deste grupo etário. Na avaliação para o trabalho, deve ser levada em conta a capacidade empreendedora do idoso, sua criatividade, sua capacidade de transformar sonhos em realidades e também a sua preocupação com o meio ambiente.

Muitos idosos que se lançam ao empreendedorismo, embora tenham maior experiência de vida, sofrem dos mesmos problemas de todos os empreendedores: 30% fecham as portas no primeiro ano de atividade, segundo pesquisa realizada pelo Sebrae.

A idade, porém, não é impedimento para qualquer empreendimento, o planejamento sim é essencial. O amadurecimento promovido pela existência melhora a qualidade de um sonho, mas a falta de ações iniciais como um melhor planejamento administrativo visando reduzir riscos, a desorganização de serviços com falta de adequação às novas exigências mercadológicas e a ausência de pareceres elementares de consultores específicos são alguns dos fatores que levam à ineficiência empresarial.

O trabalho por conta própria vem aumentando entre os idosos, seja no mercado formal de trabalho ou mesmo no mercado informal. É imprescindível que se alie a experiência, a habilidade e o aconselhamento à dedicação. Por diversas razões falhar na idade madura é muito mais complicado do que quando se é jovem e se tem chances para novas tentativas.

## O que as Empresas Esperam dos Profissionais Idosos?

Muitas empresas têm uma visão antagônica do envelhecimento humano. O estigma de que o velho é o que caiu em desuso muitas vezes aparece em nossa sociedade e existe o receio de que a presença de idosos em seu quadro de trabalhadores possa significar que a empresa mantém idéias retrógradas e processos arcaicos.

Entretanto, esta não é a realidade quando se faz referência à credibilidade de mercado; neste caso, muitas organizações e entidades ostentam o orgulho de serem centenárias.

Na constância da manutenção de funcionários idosos, a empresa passa a ser avaliada não só pelas oportunidades que dá a seus antigos colaboradores, mas sim como uma empresa que valoriza a transmissão de conhecimentos para o novo grupo. Ao mesmo tempo, o fato de permitir a atualização permanente dos idosos em seu campo de trabalho não a caracteriza como uma empresa que envelheceu, mas sim como uma empresa que se recicla.

Até fins do século XIX, os enfermos, os deficientes físicos, assim como os idosos, eram todos tidos como incapacitados para o trabalho, não se distinguindo entre os elegíveis para as medidas de proteção voltadas para os doentes recuperáveis.

A visão errônea do idoso como ser improdutivo leva-nos a refletir que, mesmo o envelhecimento sendo desejável do ponto de vista individual, é no coletivo que se torna imprescindível a mudança de alguns conceitos essenciais para a melhor compreensão e aceitação deste grupo de trabalhadores pelas empresas no mercado de trabalho. Porém, quais são as características que se deve levar em consideração ao se avaliar um candidato idoso ao trabalho?

Apesar de ter os conhecimentos necessários para atuação em determinados postos de trabalho, o idoso deve também demonstrar habilidades para comportar-se como um profissional empreendedor e saber administrar seu ambiente de trabalho sempre que for solicitado.

Outros aspectos essenciais para o idoso manter-se em um emprego, são:

- **Adaptabilidade** – Ter conhecimento da filosofia e da missão da empresa é essencial em um mercado de trabalho altamente mutável e competitivo. Estabelecer metas e objetivos a curto, médio e longo prazos. Trabalhar em torno de resultados é a melhor maneira de demonstrar a eficiência de desempenho profissional. As aspirações pessoais no idoso vão além do cumprimento de carga horária e tarefas. A necessidade de aplicação de suas experiências deve ser levada em conta para evitar a desmotivação. O idoso deve ter em mente que deverá se adaptar ao novo e não ao contrário, apesar de seus conhecimentos.

- **Remuneração** – O salário não deve ser visto apenas como uma complementação da aposentadoria ou ajuda de custo. O idoso tende a apresentar uma dedicação maior do que a habitual dando exemplo de maior produtividade e organização.

- **Produtividade** – O idoso, por ter saído recentemente do mercado de trabalho, muitas vezes, traz consigo experiências nem sempre satisfatórias, algumas inclusive frustrantes. É importante que haja uma supervisão que permita discutir e avaliar a possibilidade de pôr em prática todo o seu conhecimento intrínseco permitindo um aumento de produtividade.

- **Jornada de Trabalho** – É indispensável que se avalie a necessidade de permanência do idoso por longas jornadas. Ao contrário, é melhor que se utilize uma jornada menor permitindo o uso de toda a sua criatividade, conhecimento de organização, laboriosidade e superação de resposta aos problemas que surgem produzindo respostas benéficas no ambiente de trabalho.

- **Aperfeiçoamento** – O profissional idoso já é possuidor de uma grande gama de conhecimentos formados ao longo de sua carreira; entretanto, é necessária a permanente reciclagem e aprimoramento de conhecimentos técnicos. A constante capacitação exigida não permite que o profissional que quer trabalhar se descuide de verificar as mudanças ocorridas em sua área de trabalho. Para a realização de cursos de reciclagem existem cursos especiais para a Terceira Idade como a Universidade da Terceira Idade, seminários e outros em educação continuada, principalmente em áreas tecnológicas.

- **Assiduidade; Pontualidade** – Além da exigência habitual para a execução de prazos, há uma maior preocupação com a saúde dos idosos e a perda de produtividade que pode advir com os afastamentos constantes. Os cuidados com a preservação da saúde devem ser uma preocupação permanente do idoso, além dos tradicionais exames proporcionados pela empresa.

- **Conselheiro; Educador** – A presença de uma pessoa experiente em um ambiente de trabalho suscita o pedido de troca de contatos com os mais jovens. O idoso deve estar disposto a orientar os mais jovens nas áreas que necessitem maior conhecimento. A atitude do trabalhador idoso deve ser sempre a de facilitador e não a de ocultar ou dificultar o acesso aos mais jovens.

- **Integração Social** – A manutenção da auto-estima é parte essencial no relacionamento do idoso. A participação em festas, comemorações, etc. permite uma maior integração.

- **Participação em Projetos** – Manter-se atualizado e informado sobre o que se passa na empresa é antes de tudo estar apto a participar do planejamento de projetos de desenvolvimento, apresentando suas sugestões e experiências adquiridas na própria empresa. A capacidade para se adequar às mudanças da empresa, aceitar novas responsabilidades, resolver conflitos, manter as relações laborais, perseverança, honestidade e respeito, são características-chave que deve ter um profissional idoso para obter e manter um bom posto de trabalho.

- **Visão de Futuro** – Identificar aonde quer chegar, afinal de contas o trabalhador idoso não ingressou no mercado de trabalho somente para complementar a renda. Seu posicionamento, sua capacidade de trabalho, sua competência profissional e suas aspirações vão garantir seu sucesso. Deve haver sempre um lugar garantido para um trabalhador de qualquer idade. Estabelecer um planejamento estratégico para alcançar os objetivos, galgando cada passo através de um esforço constante, assumindo novos desafios, assegura a estabilidade laboral necessária.

Para São Bento a questão da idade é irrelevante; pessoas idosas, jovens e de meia-idade são iguais em sua capacidade de liderar. "Conforme as pessoas envelhecem e amadurecem, não se espera o mesmo nível de produtividade, reduza a quantidade de trabalho e ofereça assistência extra."

# Pessimismo/Negativismo na Vida e no Trabalho

Algumas pessoas idosas apresentam-se constantemente contrárias, contraproducentes, negativas ou pessimistas em diversas ocasiões e de diferentes maneiras, seja no trabalho ou no seu dia-a-dia.

A este tipo de conduta se nomeia pessimismo. O ato de observar e distinguir este comportamento, desvendar suas causas, ajudar as pessoas a neutralizar seu pessimismo, injetando uma boa dose de atitude positiva nelas, é uma qualidade essencial para o desenvolvimento de um bom ambiente de trabalho e melhora da produtividade.

Causas como depressão e melancolia são comuns neste tipo de atitude. É essencial, para neutralizar o pessimismo, apontar para os lados positivos a seguir sem, no entanto, incorrer no erro da utopia.

O negativismo é caracterizado pela aversão às solicitações externas. É representado por um estado mental ou comportamental que se distingue pelo ceticismo e pela oposição ou resistência persistentes em relação a sugestões ou conselhos.

No negativismo passivo, a pessoa não atende aos estímulos externos, já no negativismo ativo a pessoa faz exatamente o oposto do que lhe é proposto.

Compreender as diferentes personalidades contidas no local de trabalho, seja entre os colegas de diversos setores, entre os prestadores de serviço ou mesmo entre os clientes, identificar a própria personalidade, saber conviver com ela e contornar suas dificuldades são os passos iniciais para o sucesso no trabalho e na vida.

A equipe multidisciplinar em saúde deve estar preparada para identificar e atuar nas diversas situações evitando a discriminação e o aparecimento da temida condição inicial de assédio moral.

CAPÍTULO
5

# Compreendendo o Trabalhador Idoso

*"...somente o homem tem capacidade para o trabalho e apenas o homem o realiza preenchendo ao mesmo tempo com ele sua existência sobre a terra.*
(JOÃO PAULO II – *Laborem exercens*)

As Doenças e o Trabalho, 55

Doenças na Terceira Idade, 59

Testes mais Empregados e Formas de Avaliação, 62

As pessoas envelhecem e ficam mais lentas. Com a idade ocorrem reduções de funções orgânicas e com o passar do tempo podem ficar doentes e incapacitadas.

É necessário identificar os mecanismos patológicos que promovem o afastamento dos idosos das áreas de trabalho, do lazer, da cultura e conhecer quais os fatores capazes de interagir para trazê-los de volta à produtividade.

Diversas patologias acometem os adultos maduros acima de 40 anos atingindo principalmente uma maior gama de pessoas após os 65 anos. Distúrbios da memória, alterações cognitivas, diminuição da motricidade, depressão, estão entre os problemas mais comuns encontrados no dia-a-dia do consultório do médico clínico que se dedica ao atendimento geriátrico.

## As Doenças e o Trabalho

Estamos vivenciando uma nova fase de saúde pública no país: o aumento das doenças crônico-degenerativas. Não apenas as neoplasias ou os acidentes vasculares cerebrais, mas também as doenças relacionadas às perdas de memória e várias outras síndromes ligadas ao envelhecimento humano. Cada vez mais, identificam-se pacientes com problemas médicos múltiplos que muitas vezes são desconhecidos do próprio médico clínico responsável. Alguns com quatro, cinco ou mais patologias concomitantes.

É necessário, portanto, que o médico do trabalho esteja familiarizado com a inserção desta nova população no mercado de trabalho e reavalie como proporcionar a ela e às empresas maiores facilidades para a manutenção da produtividade, sem a ocorrência ou o agravamento de doenças preexistentes ou o acontecimento de acidentes no trabalho.

Habitualmente, não cabe ao médico do trabalho a intervenção diagnóstica e terapêutica dos trabalhadores, ficando esta função a cargo do médico clínico de cada paciente. Entretanto, da mesma forma como o médico do trabalho age quando suspeita ou verifica a presença de um agente agressor no ambiente, deve também o médico do trabalho intervir neste grupo populacional, ou seja, preventivamente.

Processos de fácil intervenção terapêutica cursam muitas vezes sem diagnóstico em pacientes idosos devido a inúmeras causas. Como exemplo citamos: as anemias ferroprivas, as deficiências pluri-carenciais, o diabetes mellitus e suas conseqüentes arteriopatias de membros inferiores, o pé diabético e sua interferência na mobilidade do paciente, além da depressão, da insônia, da hipertensão arterial.

Os transtornos orais provocados pela presença de próteses inadequadas que dificultam a alimentação e a comunicação, juntamente com as alterações visuais e auditivas, causam grande dificuldade de entendimento de comando e de orientação no ambiente de trabalho, podendo levar a acidentes do trabalho.

Devemos observar que a maior parte destes transtornos não é relatada por não serem considerados doenças pelos portadores e muitas vezes não são avaliadas ou consideradas pelo examinador, muito embora a maior parte seja de fácil resolução.

A elevada freqüência de depressão neste grupo é associada muitas vezes a perdas acumuladas ao longo da vida, principalmente no decurso da vida profissional. Constantemente os trabalhadores idosos usam medicamentos em excesso, alguns receitados pelo médico assistente, outros "recomendados" por amigos ou parentes ou de uso corrente na comunidade.

É necessária uma atenção especial ao ambiente de trabalho que cerca estes trabalhadores. Não só em relação aos agentes químicos que, eventualmente, por uma exposição prolongada, podem provocar interações medicamentosas, mas também os agentes físicos – como o excesso de calor, o ruído elevado, a baixa luminosidade – atingem estes organismos de forma mais agressiva do que aos organismos mais jovens.

Algumas alterações mórbidas encontradas habitualmente entre os idosos são preveníveis e, quando não tratadas, levam à incapacidade total para o trabalho.

- **Déficit Auditivo** – A hipoacusia é a denominação relacionada à perda ou diminuição do sentido da audição, e responsável por graves problemas ocupacionais, inclusive acidentes do trabalho, devido à deficiência na comunicação e dificuldade de compreensão de ordens e avisos.

    A presbiacusia é a lesão auditiva de maior prevalência entre as pessoas acima de 60 anos. Os danos atingem principalmente as estruturas neurossensoriais. Por ser uma patologia com características de deterioração progressiva, pode freqüentemente evoluir afetando a capacidade de distinguir as palavras, ao longo do tempo. Outras patologias auditivas como disacusias neurossensoriais agudas e as ototoxicidades são agudas e emergenciais e também devem ser avaliadas e prevenidas no ambiente do trabalho.

Um dos sintomas mais comuns entre adultos maduros e idosos é a tontura, a sensação de perda do equilíbrio corporal. A vertigem é o tipo mais comum de tontura. O aparecimento freqüente da tontura provoca transtornos de atenção, deficiência da memória, ansiedade, perda da autonomia, depressão e síndrome do pânico.

- **Déficit Cognitivo** – A memória representa função expressiva na estabilidade emocional do idoso, fornecendo segurança para a sua afirmação no trabalho, na vida pessoal e social. Diversos fatores concorrem para a deterioração progressiva das funções psíquicas, como a falta de exercícios mentais e também os físicos, a falta de participação social, o isolamento, a depressão. As doenças degenerativas como "Alzheimer, "Esclerose Múltipla", "Demência Senil", promovem o declínio das funções cerebrais provocando estados de amnésia, transtornos de reconhecimento, agnosia, assim como deficiências sensoriais graves.

- **Déficit Visual** – Por volta dos 40 anos surgem os primeiros sinais de presbiopia (vista cansada), o que aos poucos dificulta a visão e a leitura de perto sem óculos. A catarata é provavelmente a maior causa de cegueira no idoso. Outras causas de importância a serem avaliadas são: o glaucoma, a degeneração macular e a retinopatia diabética. As alterações da córnea, da esclera e da conjuntiva freqüentemente provocam desconforto ocular e instabilidade visual, sendo piores em ambientes de trabalho com calor excessivo, dispersão de produtos químicos e locais confinados.

- **Depressão** – É um transtorno altamente prevalente na população em geral. Embora mais comum entre os jovens do sexo feminino, é também freqüente no idoso, provocando uma visível redução na eficiência profissional.

- **Desordens do Movimento** – As alterações da marcha são reveladoras de distúrbios de ordem física como: alterações musculares, osteoarticulares, circulatórias, respiratórias ou de alterações psíquicas. As quedas são comuns em portadores de patologias neurossensoriais, mielopatias e doença de Parkinson.

- **Fragilidade** – Entende-se como fragilidade a deficiência apresentada devido à perda da autonomia. A dependência devido a fatores físicos e/ou psíquicos associada a limitações propiciadas por alterações musculares e osteoarticulares impede o idoso de realizar as suas atividades cotidianas.

- **Iatrogênese** – O uso indevido ou inadequado de medicamentos ou a prática de determinadas terapêuticas agressivas podem levar à iatrogenia, que é a complicação física ou psíquica apresentada pelo uso de fármacos, geralmente por associações medicamentosas.

- **Imobilidade** – É a incapacidade de se deslocar sem a ajuda de outra pessoa para a realização de atos usuais da vida cotidiana. Esta incapacidade pode ser transitória ou definitiva. A imobilidade temporária se dá sempre que ocorre um quadro patológico agudo que dificulte ou impossibilite a realização de atos individuais, como por exemplo, em caso de fraturas, recuperação de cirurgias ou até mesmo em convalescença de quadros clínicos graves como acidente vascular cerebral e outros. Quanto mais rápida a reabilitação, menos seqüelas se instalarão, principalmente no idoso, cuja musculatura mais débil necessita de exercícios imediatos.

- **Incapacidade** – a incapacidade se relaciona à deficiência de deliberação por total inaptidão psíquica para decidir ou responder sobre seus atos.

- **Incontinência** – compõe uma das mais sérias e severas ameaças ao recato pessoal constituída pela eliminação involuntária de urina ou fezes. O uso de fraldões ou mesmo a administração de terapêutica específica atual já permitem um melhor conforto e autonomia ao paciente.

- **Insônia** – Após os 65 anos de idade, ocorrem modificações no sono noturno. As alterações de sono do idoso incluem, além de resultados do processo de envelhecimento, também problemas físicos e psíquicos. O uso de determinados medicamentos pode provocar alterações do ritmo cercadiano, levando à insônia noturna e à sonolência diurna.

- **Instabilidade Postural** – A permanente perda óssea e as deficiências de massa muscular geram instabilidade para o caminhar e o postar-se de pé por longos períodos. As alterações de marcha são freqüentes e a associação ao pânico de encontrar situações urbanísticas adversas, como barreiras arquitetônicas, leva ao isolamento.

- **Quedas** – A etiologia das quedas nos idosos ainda está por ser desvendada na sua totalidade. Destacamos a queda como uma das alterações mórbidas a serem melhor avaliadas nos idosos, principalmente por sua importância no trabalho. A sua prevenção é fator primordial para a prevenção de acidentes de trabalho, assim como para prevenção de acidentes de trajeto e no lazer. As quedas são também fatores produtores de limitações e temores provocando a reclusão e a limitação das ações do idoso. A intervenção no ambiente de trabalho é essencial. As quedas podem ter origem em trabalhadores idosos por distintos motivos como, por exemplo: zumbidos e vertigens; osteoartrite de joelhos; pé diabético provocando instabilidade ao caminhar; arteriopatia de membros inferiores ocasionando claudicações intermitentes; polineuropatia diabética em membros inferiores; problemas oftalmológicos como glaucoma, catarata e estresse, principalmente quando associado a fatores ambientais.

## Doenças na Terceira Idade

É na Terceira Idade que surgem ou recrudescem diversas patologias limitantes ou mesmo incapacitantes próprias do envelhecimento humano. A ocorrência destas doenças e acidentes, entretanto, tem-se caracterizado por superposições de causas e riscos no ambiente de trabalho, gerando incapacidade laboral prematura. O idoso geralmente convive com várias doenças, sendo a maioria crônica.

Recente levantamento realizado em prontuários de pacientes acima de 60 anos atendidos em nosso consultório, todos trabalhadores submetidos a exames médicos periódicos anuais, revelou a presença de diversas patologias e comorbidades prevalentes nesta massa populacional.

Entre os 50 prontuários revisados, 38 homens e 12 mulheres, foram identificadas diversas patologias, como alterações cardiovasculares (hipertensão arterial, coronariopatias), diabetes mellitus, dislipidemias, gastrite, osteoartrite, vertigens, zumbidos, depressão, distúrbio de memorização, insônia, obesidade, DPOC, entre outros.

**Transtornos de Memória** – Estudos epidemiológicos constatam que a proporção de indivíduos acometidos por transtornos graves de memória na população com mais de 60 anos de idade está entre 6% e 8%.

Dentre elas, as que provavelmente produzem o maior pavor na comunidade estão as que geram distúrbios cognitivos podendo levar à demência.

A **demência** é uma condição muito freqüente no envelhecimento. Esta síndrome se caracteriza pelo declínio da capacidade intelectual que interfere nas atividades sociais e profissionais do indivíduo. É causada pelo comprometimento do sistema nervoso central e independe do nível de consciência.

A demência é a associação do distúrbio de memória a, pelo menos, mais algum distúrbio de abstração; de raciocínio; de linguagem; de mudança de personalidade, entre outros.

A demência é prevalente nos indivíduos acima de 60 anos, sendo que, a partir de 65 anos, a prevalência dobra a cada cinco anos. Em estudos realizados na população em geral, mostrou-se uma prevalência de demência de 7,1% entre os indivíduos acima de 65 anos.

As **doenças ocupacionais**, devido a seu caráter insidioso, tendem a manifestar-se principalmente nesta época da vida, após um período laboral de várias décadas. Algumas alterações, principalmente as ligadas à circulação vascular periférica, como varizes de membros inferiores e outras ligadas ao sistema ósteo-articular, aparecem devido a posturas incorretas e permanentes durante a vida laboral.

Diversas **cardiopatias** surgem ou se agravam com a idade. Doenças cardiovasculares como hipertensão arterial, doenças coronárias, aterosclerose, fibrilação atrial, entre outras, podem surgir em diversos períodos da vida e podem ser ligadas a diversas causas; entretanto, quando não tratadas ou mesmo quando tratadas de forma insuficiente, pioram com o aparecimento da velhice.

As doenças cardiovasculares são a principal causa de morte tanto nos países desenvolvidos como nos países em desenvolvimento. Geralmente, nos índices de mortalidade, as coronariopatias aparecem em primeiro lugar, seguidas pelo acidente vascular cerebral.

No ano de 2000, no Brasil, de um total de 946.392 óbitos, as doenças coronarianas resultaram em 137.720 óbitos (14,55%) e o acidente vascular cerebral, provavelmente ligado à alta prevalência de hipertensão arterial em nossa população, em 84.688 mortes (8,94%). As outras doenças do aparelho circulatório contaram 38.147(4,03%) mortes perfazendo um total de 260.555 (27,53%) óbitos somente entre as patologias provenientes de alterações cardíacas (DATASUS/2000).

**Doenças metabólicas** como a diabetes mellitus, seja a do tipo 2 ou do tipo 1 – que hoje devido às terapêuticas modernas conseguem prolongar a sobrevida dos pacientes –, podem provocar diversos outros quadros patológicos como retinopatias, nefropatias, pé diabético e principalmente as cardiovasculares. O diabetes mellitus é uma doença crônica, caracterizada pela elevação da taxa de açúcar no sangue e pode ser de origem genética ou social.

Alguns fatores podem concorrer para o aparecimento do diabetes tipo 2, entre elas a obesidade. Este quadro se deve à ingestão calórica muito superior ao consumo metabólico, acarretando progressivo depósito na forma de tecido adiposo subcutâneo e intra-abdominal.

A resistência à insulina, ou seja, a deficiência de captação e utilização da glicose, representa a principal alteração no diabetes mellitus tipo 2, concorrendo com isso como fator preditivo para a aterosclerose e suas complicações.

O pé diabético vem se tornando um grave problema de saúde de proporção mundial. Estima-se sua freqüência em 25% dos cerca de 10 milhões de brasileiros diabéticos. A dificuldade de iniciar com rapidez o tratamento leva muitas vezes à incapacitação física culminando com a amputação do membro afetado.

Diversas patologias comuns ao envelhecimento podem facilitar ou mesmo provocar acidentes do trabalho. Não existem, até o momento, pesquisas que demonstrem a ocorrência destes eventos nesta faixa etária, porém o conhecimento adquirido ao longo do tempo, tanto na área da Saúde Ocupacional quanto na área da Geriatria, nos permite suspeitar que estes acidentes possam estar acontecendo sem notificações.

**Zumbido e Vertigem** – A vertigem é uma sensação desagradável de desequilíbrio, rotação e desorientação. É comum ocorrer com náuseas e vômitos. Importante salientar que a vertigem é sempre um sintoma e não uma doença. O zumbido é a presença de um ruído auditivo de origem senil, geralmente ocasionado por modificações degenerativas das estruturas do órgão de Corti, do nervo auditivo ou das vias auditivas centrais. Na idade avançada, sintomas como desequilíbrio e instabilidade ao andar são mais freqüentes que as vertigens, podendo, tanto quanto elas, levar a quedas.

**DPOC** – A doença pulmonar obstrutiva crônica é uma doença respiratória progressiva e debilitante, provocada pelo comprometimento obstrutivo ao fluxo aéreo. A morbidade dos pacientes é caracterizada por aumento da dispnéia sob exercício e piora sob temperaturas extremas, como verão e inverno ou ambiente de temperaturas elevadas. A prevalência desta doença tende a aumentar devido ao crescente número de fumantes e aos expostos passivamente.

**Artrose e Artropatias** – A osteoartrose, ou osteoartrite, é uma das doenças mais comuns do homem moderno, afetando cerca de 10% da população mundial. Em nosso país, cerca de 7,5% dos afastamentos ao trabalho são a ela atribuídos.

A denominação de osteoartrite se encontra com maior freqüência na literatura americana. Na literatura européia, observa-se sua descrição, na maior parte das vezes, pelo nome mais descritivo de doença articular degenerativa ou osteoartrose.

A osteoartrite pode ser definida como um transtorno não inflamatório que afeta as articulações móveis, caracterizado pela deterioração da cartilagem articular e a formação do novo osso, tanto na superfície articular quanto em suas margens e cujo aumento da prevalência se dá com o avançar da idade, atingindo o seu pico entre os 70 e 80 anos.

## Testes mais Empregados e Formas de Avaliação

Diversos mecanismos são propostos e fazem parte do arsenal diário do médico que lida com o grupo de pacientes acima de 60 anos.

### Avaliação Geriátrica Ampla (AGA)

O instrumental da Avaliação Geriátrica Ampla começou a ser utilizado por Marjory Warren, no Reino Unido, ao final da década de 30. Ainda hoje esses conceitos continuam válidos, tornando-a uma ferramenta amplamente utilizada em Medicina Geriátrica com o objetivo de determinar as fragilidades do idoso, principalmente com relação à sua capacidade funcional e ao planejamento dos cuidados e acompanhamento a longo prazo.

Na Medicina Ocupacional devemos utilizá-la para avaliação das condições de manutenção no setor e do prolongamento da vida ativa dos trabalhadores mais velhos e para detectar as deficiências e incapacidades que o idoso possa apresentar.

Na aplicação da AGA em Medicina Ocupacional devem ser avaliados diversos parâmetros, sempre iniciando por um exame clínico clássico, para diagnosticar o dano ou a lesão preexistente. Os parâmetros básicos são: Equilíbrio e Mobilidade; Função Cognitiva; Deficiências Sensoriais; Condições Emocionais e Depressão; Suporte Social no Trabalho; Condições Ambientais; Capacidade Funcional e Laboral; Atividades da Vida Diária; Atividades Instrumentais da Vida Diária; Atividades Instrumentais da Vida Laboral.

## A – EQUILÍBRIO E MOBILIDADE

Os idosos apresentam maior tendência a instabilidade postural, alterações da marcha e risco de quedas. É importante averiguar a necessidade de mecanismos auxiliares da marcha, como bengalas ou andadores.

A queda é um evento freqüentemente limitante entre os idosos, ocasionando incapacidade física e perda da independência. O risco de cair aumenta significativamente com o avançar da idade e em ambientes inseguros e com barreiras arquitetônicas. A demência é também apontada como um dos fatores de risco para quedas. Entre os diversos testes de importância para avaliação das alterações no organismo do trabalhador idoso está o da detecção de fatores de risco para quedas.

Este teste é dividido em duas partes: avaliação do equilíbrio e avaliação da marcha e tem sofrido diversas modificações e proposições, baseando-se na identificação precoce dos idosos com maior chance de sofrerem acidentes de trabalho, provenientes de quedas, e aqueles que além do risco de queda apresentem também um risco aumentado de sofrerem graves lesões.

Os testes funcionais de equilíbrio visam refletir as prováveis alterações de mobilidade que as variações de posição do corpo do trabalhador idoso produzam no sistema vestibular, durante a realização das Atividades de Vida Laboral específica de cada função. A avaliação funcional da marcha reflete a força, a potência e a habilidade do deslocamento no ambiente de trabalho.

**Escala de Teste de Equilíbrio e Marcha (Tinetti M.E. *et al.*)**

Observações importantes para a realização deste teste:

- O avaliado deve iniciar o teste em pé junto ao examinador. O trajeto deve ser realizado em duas fases: a primeira sem obstáculos e a seguinte com barreiras visando reproduzir limitações freqüentes nos ambientes de trabalho.

- O examinador solicita ao avaliado para andar no trajeto proposto com seu passo de marcha habitual. O examinador observa e avalia uma atividade da marcha solicitada, por vez.

- Para algumas solicitações, o examinador caminha atrás do avaliado, em outras, o examinador anda próximo ao avaliado. Deve também ser solicitado ao avaliado para andar com passos mais rápidos do que o habitual, observando-se a ocorrência de alterações da marcha em cada uma das fases.

- Qualquer sinal de marcha anormal é reflexo de um problema que pode ser neurológico ou musculoesquelético inicial ou uma manobra compensatória de outro problema mais antigo.

- Durante a avaliação os desvios podem ser ajustados por um dispositivo de auxílio à deambulação como um bastão ou bengala.

**Equilíbrio (Tinetti M.E. *et al.*)**

Algumas manobras de avaliação de desempenho:

*Sentado:*

    0 – Escorrega, inclina-se.
    1 – Segura na cadeira para manter-se ereto.
    2 – Equilibrado.

*Levantando-se da cadeira:*

    0 – Incapaz.
    1 – Usa os braços para chegar às bordas.
    2 – Não usa os braços.

*Logo que levanta (primeiros 3 a 5 segundos):*

    0 – Desequilíbrio.
    1 – Estável com apoio.
    2 – Estável sem apoio.

*Mantendo-se em pé:*

0 – Desequilíbrio.
1 – Grande amplitude > 9 cm.
2 – Pequena amplitude.

*Com olhos fechados:*

0 – Precisa de apoio.
1 – Estável com pés afastados.
2 – Estável.

*Girando 360°:*

0 – Sinais de instabilidade, agarra-se para não cair.
1 – Movimentos descontínuos, colocando ambos os pés totalmente no solo.
2 – Sem se apoiar em nada ou cambalear, os movimentos são contínuos (o giro é feito em um movimento contínuo e suave).

*Nudge test:*

O avaliado fica de pé, de frente para o examinador com os pés o mais contíguos possível. O examinador aplica uma leve e uniforme pressão três vezes sobre o esterno do avaliado (a manobra demonstra a capacidade de resistir ao deslocamento):

0 – Começa a cair ou o examinador tem que ajudar a se equilibrar.
1 – Necessita mover os pés, mas é capaz de manter o equilíbrio.
2 – Estável, capaz de resistir à pressão.

*Virar o pescoço:*

Pede-se ao avaliado que de pé, com os pés o mais próximo possível, vire a cabeça de um lado para o outro e olhe para cima:

0 – Apresenta sinal ou sintoma de instabilidade quando vira a cabeça ou estende o pescoço.

1 – Apresenta capacidade diminuída de virar a cabeça de um lado para o outro ou estender o pescoço, porém não apresenta sintomas de tontura leve, instabilidade, nem sente dor ou necessidade de se segurar.

2 – É capaz de virar a cabeça pelo menos metade da distância de um lado para o outro. É capaz de inclinar a cabeça para trás para olhar o teto sem cambalear ou se segurar e sem apresentar sintomas de tontura leve, instabilidade ou dor.

*Equilíbrio em apoio unipodal:*

0 – É incapaz de manter apoio unipodal.

1 – É capaz de manter apoio unipodal por 2 segundos sem apoio.

2 – É capaz de manter o apoio unipodal por 5 segundos sem apoio.

*Extensão posterior:*

Pede-se ao avaliado para se inclinar para trás na maior amplitude possível, sem se segurar em objetos:

0 – Não tenta ou cambaleia ao tentar.

1 – Tenta estender, mas tem a amplitude de movimentos diminuída, ou necessita de apoio para tentar realizar a extensão.

2 – Boa amplitude, sem se apoiar ou cambalear.

*Alcançar para cima:*

O examinado tenta retirar um objeto de uma prateleira alta o suficiente que exija alongamento ou ponta de pés:

0 – É incapaz ou mantém-se instável.

1 – É capaz de retirar o objeto, mas necessita de apoio para se manter estável.

2 – É capaz de retirar o objeto sem se apoiar e sem se desequilibrar.

*Inclinar para baixo:*

O avaliado é solicitado a pegar pequenos objetos no chão:

0 – É incapaz de se inclinar ou de se erguer depois de ter se inclinado, ou faz múltiplas tentativas para se erguer.

1 – É capaz de se inclinar e pegar o objeto e retornar à posição ereta mesmo em uma única tentativa, porém com o apoio dos braços ou de algum suporte.

2 – É capaz de inclinar e pegar o objeto retornando à posição ereta em uma única tentativa sem precisar usar os braços.

*Sentando-se:*

0 – Inseguro/cai na cadeira/calcula mal a distância.

1 – Usa os braços para sentar-se com movimentos lerdos.

2 – Senta-se suavemente.

## Marcha (Tinetti M.E. *et al.*)

Alguns comandos.

*Início da marcha:*

O avaliado é orientado a andar por um trajeto:

0 – Hesita, realiza várias tentativas.

1 – Não hesita início da marcha suave.

*Altura do passo:*

Observar um passo, após o outro:

0 – O pé do membro em balanço não se desprende completamente do chão, pode-se ouvir o arrastar do pé ou observar-se a elevação atípica do solo (< 2,5 > 5 cm).

1 – O pé do membro em balanço desprende-se do chão completamente, entre 2,5 cm e 5 cm de altura.

*Comprimento do passo:*

Observar a distância entre o hálux do pé de apoio e o calcanhar do pé elevado:

0 – Comprimento do passo menor do que o descrito para as condições normais.

1 – Comprimento do pé medido entre o hálux do membro de apoio e o calcanhar do pé de balanço (usualmente maior, mas o comprimento do pé oferece base para observação).

*Simetria do passo:*

Observar a porção central do trajeto; observar a distância entre o calcanhar de cada pé do balanço e cada hálux durante o apoio:

0 – Comprimento do passo varia de um lado para outro; ou paciente avança com o mesmo pé a cada passo.

1 – Comprimento do passo igual ou quase igual dos dois lados para a maioria dos ciclos da marcha.

*Continuidade do passo:*

0 – Coloca o pé inteiro (calcanhar e hálux) no chão antes de começar a desprender o outro pé. Pode-se ainda observar uma parada completa entre os passos ou ainda a variação do comprimento dos passos entre os ciclos.

1 – Inicia a marcha elevando o calcanhar de um dos pés quando o calcanhar do outro pé toca o chão. Não há qualquer interrupção durante a passada, o comprimento dos passos é igual na maioria dos ciclos.

*Desvio da linha média:*

Observe, traçando um ponto de referência no chão:

0 – Pé desvia de um lado para o outro ou em uma direção.

1 – Um passo segue o próximo em uma linha reta, à medida que o paciente avança.

*Estabilidade de tronco:*

Movimento lateral de tronco pode ser padrão de marcha normal, diferenciar da instabilidade:

0 – Presença de características de movimentação lateral de tronco, flexão de joelhos e coluna e abdução de braços para manter a estabilidade.

1 – Tronco não oscila; joelhos e coluna não são fletidos; braços não são abduzidos no esforço de manter a estabilidade.

*Sustentação durante a marcha:*

0 – Pés ficam separados durante os passos (base alargada).

1 – Os pés quase se tocam durante as passadas.

*Virando-se durante a marcha:*

0 – Pára antes de iniciar a virada, cambaleia, os passos são descontínuos.

1 – Vira-se continuamente enquanto anda, não cambaleia. Os passos são contínuos enquanto vira.

## B – FUNÇÃO COGNITIVA

As patologias que causam alterações da função cognitiva constituem um dos maiores problemas sociais dos pacientes idosos, pois resultam em dependência e perda da autonomia, o que obriga o afastamento do trabalho.

Existem diversos testes para a avaliação da função mental dos idosos, com o objetivo de detectar alterações precoces e determinar a extensão das limitações. Entre eles, o mais utilizado e de fácil aplicação por profissionais da área da saúde é o Mini-Exame do Estado Mental (MEEM) de Folstein & cols.

Neste teste, que depende do nível de escolaridade do paciente, o número máximo de pontos é 30 e as avaliações cujas pontuações são menores do que 24 indicam deficiência cognitiva. Quando examinamos pacientes com baixo nível cultural, a pontuação deve ser ajustada para se evitar falseamento do resultado.

O MEEM é o teste mais conhecido e aplicado mundialmente para rastreio de demência. É simples, conciso e auto-explicativo. Sua aplicação é possível em cerca de 5 a 10 minutos. (Não necessita nada além da presença do técnico avaliador e do paciente, um lápis e uma folha de papel.)

Entre todos os métodos avaliativos para a Avaliação Cognitiva do Idoso, o Mini-Exame do Estado Mental (MEEM) – por ser o de mais fácil aplicação, por ser o mais utilizado por profissionais da área da saúde e, ainda, por permitir adaptações às diversas ocupações exercidas pelos idosos, deve ser considerado como de primeira escolha.

Este exame, que pode identificar com facilidade a presença de alterações cognitivas, avalia a orientação temporal, a orientação espacial, a memória imediata, a atenção e cálculo, a memória de evocação e a linguagem. As proposições feitas ao examinado recebem pontuações de acordo com a resposta certa ou errada, e prevê um mínimo de 27 questões. A pontuação total final igual ou maior do que 27 é normal. Entre 24 e 26 é considerada como duvidosa. Quando igual ou menor a 23 é compatível com deficiência cognitiva.

## Modelo de Aplicação do MEEM

Antes de começar, explique ao avaliado o objetivo do teste que irá aplicar acentuando que por mais simples que pareçam as perguntas, elas devem ser respondidas com atenção e clareza. Jamais permita que se criem expectativas de REPROVAÇÃO em torno do teste.

Orientação Temporal – 5 pontos.
*Identificar:* Ano; Estação do Ano; Dia da Semana; Mês; Hora.

Orientação Espacial – 5 pontos.
*Identificar:* Local; Andar; Bairro; Cidade; Estado.

Memória Imediata – 3 pontos
*Memorizar e repetir:* Copo, Vaso, Carro.

Atenção e Cálculo – 5 pontos.
*Subtrair:* 7 de 100 sucessivamente por 4 vezes.
*Soletrar:* Mundo de trás para frente.

Memória de Evocação – 3 pontos.
*Lembrar e repetir:* Copo, Vaso, Carro.

Linguagem – 8 pontos.
*Nomear:* Lápis e Relógio – 1 ponto.
*Repetir:* Nem Aqui, Nem Ali, Nem Lá – 1 ponto.

Comando Vocal – 3 pontos.
Pegue este papel com a mão direita, dobre ao meio e ponha no chão.

Escrever uma Frase – 1 ponto.

Copiar o Desenho – 1 ponto.

*(Adaptação de Folstein, M.F. et al. J. Psychiat. Res. 1975.)*

## Deficiências Sensoriais

Após os 55 anos cerca de 50% dos indivíduos apresentam níveis de deficiência auditiva e/ou visual que comprometem a sua capacidade para as atividades da vida laboral diária e aumentam o risco de declínio funcional e de acidentes do trabalho. Estas queixas, muitas vezes, são desvalorizadas pelos próprios pacientes que supõem terem se adaptado à situação, porém elas são importantes fatores de risco para confusão mental e quedas.

## C – CONDIÇÕES EMOCIONAIS (SINTOMAS DEPRESSIVOS)

Como já descrito anteriormente, na opinião da maioria dos autores, não existem características de envelhecimento psíquico. O processo de envelhecimento é complexo e individual, o comportamento de cada indivíduo na velhice dependerá das alterações biológicas inerentes a esse processo, mas, principalmente, de suas vivências e das condições sociais e culturais.

Os idosos têm grande risco de desenvolverem alterações comportamentais como a depressão e a demência. É importante pesquisar quadros de depressão em todos os pacientes idosos, tendo-se a Escala de Depressão Geriátrica de Yesavage como um dos instrumentos mais utilizados.

### Escala de Depressão Geriátrica (Yesavage)

1. Satisfeito(a) com a vida? (não)
2. Interrompeu muitas de suas atividades? (sim)

3. Você acha sua vida vazia? (sim)
4. Aborrece-se com freqüência? (sim)
5. Sente-se de bem com a vida na maior parte do tempo? (não)
6. Você teme que algo de ruim lhe aconteça? (sim)
7. Sente-se alegre a maior parte do tempo? (não)
8. Sente-se desamparado(a) com freqüência? (sim)
9. Você prefere ficar em casa ou sair e fazer coisas novas? (sim)
10. Você acha que tem mais deficiência de memória do que outras pessoas? (sim)
11. Acha que é maravilhoso estar vivo(a) agora? (não)
12. Vale a pena viver como vive agora? (não)
13. Sente-se cheio(a) de energia? (não)
14. Acha que sua situação tem solução? (não)
15. Acha que tem muita gente em situação melhor? (sim)

0 = quando a resposta for diferente do exemplo entre parênteses.
1 = quando a resposta for igual ao exemplo entre parênteses.
Total > 5 = suspeição de depressão.

## D – SUPORTE SOCIAL NO TRABALHO

A falta de suporte e de adequação do idoso à vida laboral, assim como a vida familiar e social é um dos fatores que contribuem negativamente para as más condições clínicas e piora do estado funcional do trabalhador idoso. Os ambientes de trabalho inadequados também contribuem para a diminuição de sua capacidade laboral.

A Avaliação de Riscos Ambientais e Ocupacionais tem-se constituído em uma importante ferramenta para a Vigilância da Saúde do Idoso no Trabalho com o objetivo de controlar e prevenir a exposição de trabalhadores idosos a agentes agressores à saúde atuantes no ambiente do trabalho.

É necessário introduzir modificações que possam tornar o ambiente laboral mais conveniente às suas limitações, procurando garantir-lhe o máximo de independência possível, evitando principalmente as Barreiras Arquitetônicas.

Cabe ao Médico do Trabalho avaliar todos esses parâmetros com perguntas simples direcionadas ao paciente e inclusive com uma discreta avaliação junto a seus colegas e conhecimento do ambiente de trabalho.

- O avaliado sente-se confiante e acha que pode contar com os colegas para ajudá-lo a resolver seus problemas laborais?
- O avaliado participa da integração laboral oferecendo seu apoio quando os outros membros têm problemas?
- O avaliado envolve-se em conflitos entre as gerações de trabalhadores que compõem a empresa?
- O avaliado sente-se seguro no ambiente de trabalho?
- As opiniões emitidas pelo avaliado são acatadas e respeitadas pelos membros das chefias imediatas?
- O avaliado acolhe e respeita as opiniões dos demais colegas de trabalho?
- O avaliado participa da vida comunitária e da sociedade em que vive?
- O avaliado tem amigos e sente que pode contar com eles nos momentos difíceis?
- O avaliado apóia os seus amigos quando eles têm problemas?

## E – AVALIAÇÃO DA CAPACIDADE LABORAL E FUNCIONAL

É indispensável realizar periodicamente a avaliação da capacidade intelectual e psíquica do idoso para executar as atividades laborais que lhe são atribuídas e são inerentes as suas funções e as quais ele sempre executou de forma independente.

A avaliação das Atividades da Vida Diária engloba todas as tarefas que uma pessoa precisa realizar para cuidar de si própria. A incapacidade de executá-las implica alto grau de dependência.

### Escala de Atividades Básicas de Vida Diária (Katz)

1. BANHO
    I. Não necessita assistência.
    A. Assistência para uma parte do corpo.
    D. Não toma banho sozinho.

2. VESTUÁRIO
   I. Veste-se sem assistência.
   A. Assistência para amarrar sapatos.
   D. Assistência para vestir-se.

3. HIGIENE PESSOAL
   I. Vai ao banheiro sem assistência.
   A. Recebe assistência para ir ao banheiro.
   D. Não vai ao banheiro para eliminações fisiológicas.

4. TRANSFERÊNCIA
   I. Deita, levanta e senta sem assistência.
   A. Deita, levanta e senta com assistência.
   D. Não levanta da cama.

5. CONTINÊNCIA
   I. Controle esfincteriano completo.
   A. Acidentes ocasionais.
   D. Supervisão: uso de cateter ou incontinente.

6. ALIMENTAÇÃO
   I. Sem assistência.
   A. Assistência para cortar carne e passar manteiga no pão.
   D. Com assistência ou sondas, ou fluidos venosos.

I = independência; A = dependência parcial; D= dependência total

*(Adaptado de Katz, S. et al.)*

A avaliação das Atividades Instrumentais da Vida Diária compreende a habilidade do idoso para administrar o ambiente onde vive.

## Escala de Atividades Instrumentais de Vida Diária (Lawton)

1. TELEFONE

    Recebe e faz ligações sem assistência (3)

    Assistência para ligações (2)

    Incapaz (1)

2. VIAGENS

    Viaja sozinho (3)

    Viaja apenas acompanhado (2)

    Incapaz (1)

3. COMPRAS

    Faz compras sozinho (3)

    Faz compras acompanhado (2)

    Incapaz (1)

4. PREPARO DE REFEIÇÕES

    Planeja e cozinha refeições completas (3)

    Prepara só pequenas refeições (2)

    Incapaz (1)

5. TRABALHO DOMÉSTICO

    Tarefas pesadas (3)

    Tarefas leves e ajuda nas pesadas (2)

    Incapaz (1)

6. MEDICAÇÕES

    Toma remédio sem assistência (3)

    Necessita de lembretes ou assistência (2)

    Incapaz (1)

7. DINHEIRO

| | |
|---|---:|
| Preenche cheques e paga contas | (3) |
| Assistência para preencher cheques e pagar contas | (2) |
| Incapaz | (1) |

1. Dependência total; 2. Dependência parcial; 3. Independência.

*(Adaptado de Lawton, M. P. & Brody.)*

A avaliação das Atividades da Vida Laboral envolve todas as tarefas laborais que um trabalhador precisa para executar as suas atividades diárias independentemente. A utilização de instrumental que avalie a capacidade do idoso para executar as Atividades da Vida Diária (AVD) e Atividades Instrumentais da Vida Diária (AIVD) fornecerá medidas para a avaliação das Atividades Instrumentais da Vida Laboral (AIVL), específica para cada função ou ocupação.

A atenção aos Cuidados Pessoais como: comer no refeitório, trocar de uniforme, ir ao banheiro; Mobilidade como: andar com ajuda ou com auxílio de bengalas ou apoiando-se em móveis, cadeiras, etc., levantar-se da cadeira sem apoio ou ficar parado aguardando a ajuda de um companheiro; Continência: urinária e/ou fecal, uso de fraldas ou roupas sujas; exercício da Função/ Ocupação: preparo do material para o trabalho, identificação do serviço, limpeza do ambiente, cuidado com as normas de segurança e prevenção, manuseio dos equipamentos.

O principal objetivo da utilização da AGA na Medicina do Trabalho é o de detectar as deficiências, incapacidades e desvantagens que os trabalhadores idosos possam apresentar e que os impedem de desenvolver, a contento, as suas atividades laborais.

A AGA não é uma avaliação isolada e deve sempre resultar em uma intervenção. Posteriormente à identificação de trabalhadores mais frágeis ou de alto risco, o médico do trabalho deve-se servir deste instrumental para propor medidas preventivas, terapêuticas ou reabilitadoras, sejam elas de afastamento do trabalho para o tratamento, encaminhamento para a reabilitação, para a troca de função ou a recomendação para a aposentadoria, desaconselhando a permanência no mercado de trabalho.

CAPÍTULO 6

# Riscos Ambientais e Ocupacionais

*"Eu quisera ter tantos anos luz quantos fosse precisar,
pra cruzar o túnel do tempo do seu olhar."*

(GILBERTO GIL)

Avaliação dos Riscos Ambientais e Ocupacionais, 79

Os Agentes Agressores, 79

Riscos Ocupacionais, 80

Etapas Básicas, 81

Carga Horária no Trabalho, 84

Custos das Doenças, 84

O Futuro da Aposentadoria, 85

Os Cinco Estágios da Aposentadoria, 88

Ambiente de Trabalho – Assédio Moral e a Violência Contra o Idoso no Trabalho, 91

Suicídio e Envelhecimento, 92

## Avaliação dos Riscos Ambientais e Ocupacionais

A Avaliação de Riscos Ambientais e Ocupacionais tem-se constituído em uma importante ferramenta para a Vigilância da Saúde do Idoso no Trabalho com o objetivo de controlar e prevenir a exposição de trabalhadores idosos a agentes agressores à saúde atuantes no ambiente do trabalho.

Os diversos agentes agressores presentes nos diferentes ambientes laborais são qualificados como agentes físicos, químicos, biológicos. Aí encontramos também os ergonômicos e os promotores de acidentes.

Para todos esses agentes há a necessidade de avaliação de sua presença e de suas possíveis ações orgânicas a partir de etapas básicas como: Identificação do Perigo e Metas de Avaliação; Verificação da Exposição dos Trabalhadores; Medidas de Controle e Monitoramento da Exposição; Divulgação dos Resultados.

A melhor compreensão dos efeitos indesejáveis ocasionados sobre a saúde do idoso provocados por estes agentes está intimamente ligada ao conhecimento das relações entre a exposição aos riscos específicos e o organismo vivo exposto.

É, portanto, necessário um conhecimento mais aprofundado não só dos agentes influentes, como também, e principalmente, das limitações do organismo do trabalhador idoso envolvido.

## Os Agentes Agressores

Agentes biológicos são os compostos por organismos vivos como as bactérias, fungos, bacilos, parasitas, protozoários, vírus, entre outros.

Agentes Físicos são as diversas formas de energia a que possam estar expostos os trabalhadores, tais como ruído, vibrações, pressões anormais, temperaturas extremas, radiações ionizantes, radiações não-ionizantes, bem como o infra-som e o ultra-som.

Agentes Químicos são as substâncias, compostos ou produtos que possam penetrar no organismo pela via respiratória, nas formas de poeiras, fumos, névoas, neblinas, gases ou vapores, ou que, pela natureza da atividade de exposição, possam ter contato ou ser absorvidos pelo organismo através da pele ou por ingestão.

Agentes Ergonômicos são os produzidos pelos diversos fatores tecnológicos que resultam em desconforto físico e mental gerando, inclusive, o tecnoestresse provocado por estafa física e mental, produzindo baixa produtividade por inadaptação das condições de trabalho às características orgânicas.

Agentes Promotores de Acidentes de Trabalho são ocasionados por Condições Inseguras e Atos Inseguros. As Condições Inseguras são representadas por inadequações na disposição do piso, das escadas, falta de sinalização, falta de corrimãos nas escadas e rampas, piso escorregadio. Os Atos Inseguros são provocados por desatenção e desorganização dos funcionários. Neste caso poderíamos incluir as dificuldades de entendimento de ordens por problemas auditivos ou por tonteiras.

Barreiras Arquitetônicas são produzidas pela má disposição organizacional na concepção da arquitetura do imóvel quando da geração das plantas e nas divisórias feitas de improviso após a obra. Geralmente são representadas por colunas no meio do trajeto, planos inclinados, curvas mal planejadas.

Barreiras Urbanísticas são relacionadas tanto quanto à disposição quanto à facilidade de acesso aos objetos como móveis, máquinas, equipamentos dos postos de trabalho, iluminação ambiente, índices de temperatura ambientes, conforto ambiental geral.

## Riscos Ocupacionais

O conceito de risco ocupacional pressupõe a necessidade de prevenir determinadas situações de morbidade ou mortalidade por meio do conhecimento da natureza, da concentração ou intensidade e do tempo de exposição dos agentes envolvidos além de experiências de acontecimentos ocorridos e relatados, devendo-se levar em consideração ainda o estado físico e mental do trabalhador envolvido.

As avaliações médicas propostas pela NR-7, que é a Norma Regulamentadora do Programa de Controle Médico de Saúde Ocupacional, não orientam ou determinam ações específicas quanto aos exames médicos no trabalhador idoso. Entretanto, não se omite quando propõem exames médicos periódicos: "para aqueles que sejam portadores de doenças crônicas, os exames deverão ser repetidos: a cada ano ou a intervalos menores".

Não existem estudos específicos associando riscos ocupacionais, ou mesmo a ocorrência de acidentes do trabalho, e o trabalhador longevo. Na realidade, ainda é recente em nosso meio a permanência do trabalhador idoso no mercado de trabalho formal. Não se tem estatísticas seguras de quais ou quantas doenças ocupacionais ou agravadas no trabalho acometem ou acometeram esta comunidade de trabalhadores.

Muito provavelmente, estas patologias ocorridas ou agravadas no trabalho são simplesmente consideradas como "doenças comuns à velhice", assim como muitos acidentes de trabalho ocorridos entre idosos podem ter sido vistos somente pela lente simplificada de "ocasionados pela idade avançada".

A se perpetuar esta filosofia inadequada, estaremos perdendo não só grandes experiências no trabalho como também a chance de atuarmos preventivamente proporcionando melhor qualidade de vida laboral a uma população ainda produtiva.

## Etapas Básicas

Todas as etapas de reconhecimento de riscos ambientais devem ser anteriores à instalação dos trabalhadores no ambiente laboral. Este é o princípio ideal, porém irreal, já que a própria "surpresa" da longevidade produtiva pegou a todos. Entretanto, sempre que houver modificações no ambiente, no layout ou na mudança de processos operacionais, estas etapas devem ser reavaliadas ainda anualmente, programando-se áreas de mais salubridade.

### Identificação do Perigo e Metas de Avaliação

Esta etapa tem como objetivo principal obter e avaliar as informações relacionadas às propriedades do agente agressor e sua capacidade de provocar danos biológicos, limitações permanentes ou temporárias ou até mesmo a morte, sob certas condições de exposição.

O dano biológico nem sempre se traduz por doenças, podendo se manifestar através de síndromes ou até por sintomas muitas vezes subliminares. É necessário estarmos aptos a identificarmos as ações deletérias do agente no organismo humano, mesmo em nível celular, evitando a manutenção da agressão.

As informações sobre as propriedades deletérias das substâncias, sejam químicas, físicas ou biológicas, são obtidas a partir de estudos laboratoriais em animais, informações epidemiológicas de populações expostas e estudos clínicos ou informes de casos em expostos. Alguns outros conhecimentos podem ser obtidos por meio de estudos experimentais em sistemas incompletos (órgãos isolados, células ou componentes celulares) e da análise da estrutura molecular do agente.

O organismo humano, após os 60 anos, já apresenta alterações celulares e somáticas relacionadas à idade. Entretanto, faltam em nosso meio estudos epidemiológicos relacionando agentes agressores e organismos idosos que permitam avaliar quais órgãos alvo estarão mais expostos e a que nível de exposição responderão mais rapidamente de forma deletéria.

### Verificação da Exposição dos Trabalhadores

O que se pretende nesta fase é avaliar a intensidade com que este agente interage com o organismo agredido e qual a resposta imediata a esta agressão. Obviamente, em se tratando de ambiente onde se tenha controle dos agentes existentes, deve-se sempre lançar mão dos conhecimentos prévios e quais mecanismos de proteção individuais e coletivos devem ser utilizados para que se evite danos à saúde. A monitorização ambiental, assim como o uso de dosímetros individuais, permite um melhor conhecimento de qual intensidade o agente penetra no organismo. Nesta fase é imprescindível a avaliação médica periódica para verificação de possíveis danos à saúde.

As informações sobre agravos a partir de estudos em seres humanos podem ser obtidas de quatro principais fontes. Além dos já citados estudos epidemiológicos, podemos utilizar os estudos de correlação, nos quais as diferenças nas taxas de doenças em populações humanas idosas serão associadas a diferenças observadas em populações expostas às condições ambientais no trabalho, informes de casos preparados por equipes de saúde e o resumo dos sintomas informados pelas próprias pessoas expostas.

### Medidas de Controle e Monitoramento da Exposição

Nesta etapa deverão ser utilizados todos os meios para a eliminação, minimização e controle dos riscos ocupacionais a que os trabalhadores estão expostos.

A exposição é definida como o contato permanente ou mesmo eventual que o trabalhador tem com os agentes ocupacionais durante sua atividade laboral.

A identificação do agente, as medições ambientais e as avaliações do tempo de exposição dos trabalhadores em contato com estes agentes, associadas aos conhecimentos acumulados sobre os danos orgânicos prováveis, constituem a metodologia padrão apropriada para determinar o nível de exposição epidemiologicamente recomendável e possível de causar menor dano à saúde do exposto.

Para o desenvolvimento destas medidas de controle, leva-se em consideração o Limite de Tolerância (LT), que é a concentração ou intensidade máxima ou mínima, relacionada com a natureza e o tempo de exposição ao agente que não causará dano à saúde do trabalhador durante sua vida laboral, e o Indicador Biológico Máximo Permitido (IBMP), que é o valor máximo do indicador biológico para o qual se supõe que a maioria das pessoas ocupacionalmente expostas não corre risco de dano à saúde. A ultrapassagem deste valor significa exposição excessiva.

Outro dado importante é o Valor de Referência da Normalidade (VR) que é o valor possível de ser encontrado em populações não expostas ocupacionalmente.

Para a implantação das medidas de controle deverá, portanto, haver uma intervenção constante no ambiente ocupacional em geral, utilizando-se dos Equipamentos de Proteção Coletiva (EPC) e dosando permanentemente os agentes existentes para identificar as possíveis trajetórias e meios de propagação dos agentes no ambiente de trabalho, visando identificar os riscos potenciais e introduzir medidas de proteção para sua redução ou eliminação.

A intervenção no indivíduo deverá levar em consideração não somente o uso de Equipamentos de Proteção Individual (EPI) como também o monitoramento biológico individual com o uso permanente de dosímetros e a avaliação médica periódica com amostras laboratoriais, sempre que necessário.

## Divulgação dos Resultados

Deve ser mantida uma periodicidade de informações de todos os dados de morbi-mortalidade encontrados na população em geral e na população trabalhadora. Infelizmente em nosso país estes dados ainda são dicotomizados e restritos à Previdência Social e à Saúde, que raramente avaliam conjuntamente estes resultados. Além disto, em se tratando de população de idosos, os dados existentes não permitem, por não existirem, a correlação com o ambiente de trabalho.

## Carga Horária no Trabalho

A carga horária no trabalho pode ser dividida em diária, semanal e mensal. Não existem legislações específicas determinando diferenciação de carga horária entre trabalhador idoso e não idoso; portanto, pode-se concluir que o tempo de exposição aos agentes agressores é o mesmo entre idosos e não idosos.

## Custos das Doenças

Considerando-se de forma global os custos de diagnóstico, tratamentos farmacológicos, intervenções cirúrgicas, queda da produtividade e complicações relacionadas com os diferentes tipos de tratamento, essas patologias, que são passíveis de serem controladas e preveníveis, se convertem em entidades das mais onerosas no mundo inteiro.

Alie-se ainda o fato da empresa perder com afastamentos longos e freqüentes, com aumento dos prêmios do seguro saúde, com sua imagem negativa, com os custos elevados para captação de novo trabalhador no mercado de trabalho, com o treinamento de novo empregado, além de abrir mão de um trabalhador experiente, entre outros.

A maioria dos trabalhadores acima de 60 anos apresenta patologias comuns a esta faixa etária e procura auxílio médico fora do ambulatório de saúde ocupacional de sua empresa (mesmo quando este existe) em diversos setores de saúde. Geralmente apresentam diversas comorbidades associadas ao quadro principal.

Não há informações na empresa, a não ser de maneira informal, sobre se o trabalhador apresenta algum tipo de doença, assim como não se sabe que atitudes devem ser tomadas no ambiente de trabalho para proteger o trabalhador e evitar a piora de seu quadro patológico.

A inexistência de médico do trabalho no ambiente de trabalho, assim como a falta de programas específicos sobre a saúde destes trabalhadores, faz com que a produtividade deste grupo de trabalhadores não seja completa devido a deficiências de saúde perfeitamente possíveis de controlar.

Nenhuma destas patologias, mesmo as limitantes, impede o trabalho diário e permanente destas pessoas, desde que acompanhadas e orientadas. Entretanto, o não acompanhamento ou a desatenção a estes quadros patológicos pode levar ao cerceamento ou imobilização de um trabalho produtivo e de uma experiência ímpar que a empresa muitas vezes não pode dispensar.

O que se propõem é a aplicação do teste Minimental (MEEM) com adaptações visando o ambiente de trabalho.

A análise das tendências da morbi-mortalidade neste grupo de trabalhadores evidencia padrões distintos e que podem ser bem caracterizados, diferenciando-os de outros grupos ativos no mesmo ambiente laboral. Essas propensões patológicas apresentam-se em um ambiente de extrema complexidade e desigualdade competitiva, requerendo abordagens analíticas apropriadas que levem à proposição e adoção de medidas administrativas ampliando as efetivas medidas de promoção da saúde e prevenção das doenças, que ajudem a sustentar o aumento da produtividade convivendo com as limitações impostas pelo tempo de vida, utilizando-se ao máximo do potencial biológico individual.

Dentre as causas de morbi-mortalidade nessa população, estão as doenças crônico-degenerativas e os acidentes em geral. Os benefícios alcançados pela redução deste grupo de causas devem ser ampliados, assim como evitadas outras causas de adoecimento e morte.

## O Futuro da Aposentadoria

A aposentadoria é a fase final da relação com o trabalho. É o momento no qual o trabalhador completa o tempo efetivo de trabalho na situação ativa. Pelo menos esta é a expectativa emocional que se tem e é aguardada por quem pretende parar de trabalhar após completar o período regulamentar determinado pela legislação.

Durante muitos anos o período regulamentar de trabalho manteve-se em um determinado patamar e, hoje em dia, muda constantemente de acordo com as políticas governamentais e ao que se observa vai mudar ainda muitas vezes.

Embora a maior parte dos cidadãos brasileiros analise com enorme suspeição o nosso sistema de aposentadoria considerando-o muito injusto, bastante complexo e sujeito a grandes fraudes, essas pessoas ainda mantêm vivo o sonho da aposentadoria.

Entretanto, existem outras modalidades de aposentadoria, como os aposentados por invalidez ou por acidente de trabalho que necessitam de assistência permanente de outra pessoa.

A aspiração à aposentadoria habita a mente dos trabalhadores desde o início de suas atividades. É uma meta, um objetivo perseguido durante todo o tempo de trabalho e, quanto mais se aproxima, mais se almeja livrar-se das obrigatoriedades de horários, das regras e das cobranças. E mais ainda o de contemplar um sonho de poder tirar férias infindáveis, descansar, viajar, ocupar-se de outras atividades que foram deixadas para trás ao longo da vida e do tempo.

Não se pode esquecer que a aposentadoria é a fase da vida em que se pretende coadunar equilíbrio financeiro com emocional. Porém, na realidade, o planejamento financeiro desta fase da vida está sendo cada vez mais observado com seriedade pelos trabalhadores que antevêem a necessidade de complementação financeira, seja através da previdência privada ou através da extensão da vida ativa no trabalho.

Não se pode dizer o mesmo sobre o projeto emocional já que o emprego e o cargo que a pessoa exerce estão intimamente interligados ao respeito e à admiração no imaginário popular. O trabalho ocupa um status social.

Portanto seja do lado financeiro ou do lado emocional, assim como ocorre o aumento da longevidade, ocorre também a extensão dos anos de trabalho.

Recente estudo sobre trabalho, dinheiro e aposentadoria encomendado por uma instituição financeira, HSBC, às consultorias americanas Age Wave, Harris Interactive e Oxford Institute of Ageing, e intitulado "O Futuro da Aposentadoria" apresenta dados sobre as expectativas em relação à aposentadoria. O estudo global abrangeu 20 países e territórios de cinco continentes – totalizando 62% da população mundial.

Foram entrevistadas 26 mil pessoas entre empregados e empregadores. Dentre todos os países pesquisados, o Brasil é o que apresenta o maior índice de incertezas em relação à aposentadoria. A preocupação em manter o mesmo padrão de vida após a aposentadoria é crescente. Entre os entrevistados, é enorme o número de descrentes com os programas sociais existentes, sendo que 76% revelaram grande preocupação com a falta de recursos financeiros para a Terceira Idade.

Apesar desse temor, entretanto, apenas 6% dos brasileiros entrevistados afirmaram ter destinado algum recurso para aposentadoria, e entre todos os participantes, 52% entendem que o governo deveria ser a principal fonte de suporte financeiro pelos recursos financeiros do trabalhador aposentado.

Ao confrontarmos os principais dados da pesquisa identificamos que:

- 69% dos entrevistados se preocupam com a possibilidade de se tornarem dependentes de familiares devido a baixos rendimentos.
- 30% das pessoas assumem que devem arcar com a maior parte dos custos financeiros de sua aposentadoria.
- Somente 33% acreditam que o governo de fato arcará com esses custos.
- 13% acham que seus filhos ou sua família devem assumir a responsabilidade de arcar com as despesas ao se aposentar e complementar suas necessidades com os custos adicionais.
- Já 4% acham que os custos devem ficar por conta de seu empregador.

No Brasil, quanto à questão sobre qual seria a opção mais adequada para complementar a aposentadoria, a escolha entre: impostos mais altos, aposentadorias menores, trabalhar por mais anos e poupança compulsória, os resultados foram:

- 53% preferem a poupança compulsória para ajudar na aposentadoria.
- 13% optam pelo aumento da idade mínima para a aposentadoria.
- 8% escolhem a redução do valor das aposentadorias.
- 3% optam pelo aumento dos impostos.

Quanto aos aspectos emocionais, uma outra pesquisa sobre o mapeamento psicológico em quem pára de trabalhar demonstrou as expectativas dos trabalhadores à medida que a aposentadoria se aproxima. O estudo avaliou pessoas de 40 a 75 anos e envolveu cerca de duas mil entrevistas telefônicas com adultos.

Quando perguntados sobre os melhores aspectos da aposentadoria, 44% dos entrevistados afirmaram ser a capacidade de controlar o próprio tempo; 23% acreditam que seja a possibilidade de relaxar; enquanto para 17% esse seria o melhor momento para reinventar a vida.

Entre os piores fatores e principais preocupações que poderiam advir na época da aposentadoria estão a perda da saúde e a diminuição de renda, que foram apontadas por 24% dos entrevistados. Outros 22% assinalam a perda de vínculos e a redução do status sociais com o afastamento do trabalho.

A consultoria norte-americana especializada em estudos sobre aposentadoria, Ameriprise Financial, divulgou no início de 2006 que, sobre as etapas em que se aguarda a jubilação, do ponto de vista emocional, a aposentadoria deve ser vista como tendo cinco fases.

## Os Cinco Estágios da Aposentadoria

### Imaginação (15 Anos Antes)

Essa fase começa em torno dos 45 anos. A ocasião de quando se vai poder parar varia de pessoa para pessoa já que diversos fatores concorrem para o momento da aposentadoria. Nessa etapa, o assunto ainda não está na cabeça de todos. À medida que a aposentadoria se aproxima, a agitação aumenta e as pessoas tendem a manter uma atitude bastante positiva, até porque resta ainda um bom tempo para a aposentadoria.

Esse estudo constatou que, pouco menos de metade (44%) afirmou estar se preparando para a aposentadoria, sendo que a expectativa da maioria (65%) é de que a aposentadoria será a chance de realização de antigos sonhos. Portanto, sete em cada dez vêem na aposentadoria uma época para novas experiências. O futuro é encarado com entusiasmo pela maioria absoluta, que projeta a possibilidade real de assumir o controle total de suas vidas.

No aspecto de previsão financeira, esse é um momento importante em que é preciso planejar, definir o que se pretende fazer durante a aposentadoria, pois assim é possível se ter uma idéia clara do quanto será preciso acumular antes de parar de trabalhar.

Nessa fase, as pessoas se encontram em um estágio mais avançado de suas carreiras, quando geralmente os rendimentos são maiores e é possível a aplicação em uma aposentadoria privada programada, o que exige um esforço maior de poupança, mas permite ter uma aposentadoria mais tranqüila.

### Antecipação (Abaixo de 5 Anos)

Cerca de cinco anos antes da aposentadoria a maioria dos entrevistados demonstrou estar otimista com a aproximação desta nova fase. Cerca de 80% deles afirmaram que poderão finalmente alcançar seus sonhos. É um período de esperança e ansiedade, tanto que a família e hobbies passam a ganhar maior importância nas fantasias de nova vida de projetos. Com o passar do tempo, em torno de dois anos antes da aposentadoria, as preocupações surgem e algumas pessoas procuram um conselheiro para entender os desafios que virão adiante. Os sinais de preocupação, sobretudo com a manutenção ou a possibilidade de perda do seguro saúde, começam a aparecer. Entre os entrevistados, 22% afirmam ter um sentimento de perda com o fim dos anos de trabalho. Quanto à decisão de quando parar, os dois aspectos mais importantes são: a independência financeira (18%) e a chegada de uma data significativa planejada durante anos (16%), como, por exemplo, ao completar 65 anos de idade. Do ponto de vista financeiro, o momento é de revisão dos planejamentos anteriores, especialmente nos casos em que, devido a "erros de trajeto", a pessoa ainda está longe de alcançar a meta financeira estimada na fase inicial de previsão. Em determinados casos, apesar de faltarem poucos anos, muitos temem parar de trabalhar antes de terem acumulado o suficiente, já que o peso em termos de poder aquisitivo durante a aposentadoria pode ser grande.

## Liberação (o Primeiro Ano)

O período logo após a aposentadoria, incluindo o primeiro ano, é marcado por muita felicidade, alívio e entusiasmo. É uma fase de alegria e de excitação com a liberdade e a ausência de pressão no trabalho. A maioria, 78% dos aposentados, afirma estar aproveitando ao máximo essa época da vida, vêem nesse estágio um momento para dedicar mais tempo à família, a pequenos afazeres domésticos, a hobbies e a viagens.

Porém, assim como acontece no casamento, passada a "lua-de-mel", que neste caso se refere ao período após três anos da aposentadoria, o sentimento de libertação começa a ser substituído por momentos alternados de ansiedade, angústia, depressão e inquietação. Financeiramente, essa é uma época em que é preciso ter cuidado com os gastos, pois gastos excessivos nos primeiros anos podem acabar comprometendo a qualidade de vida nos anos seguintes. A recomendação mais conservadora é a de que as aquisições não superem 5% do valor do patrimônio.

## Redirecionamento (até 15 Anos Depois)

Nessa etapa da aposentadoria o estudo constatou que grande parte dos entrevistados, cerca de 40%, é composta por pessoas que se sentem preocupadas em complementar o ciclo vital e lutam para sobreviver.

Desta fase até 15 anos após a aposentadoria, o entusiasmo inicial continua gradualmente sendo substituído por sentimentos de vazio (49%), preocupação, transtornos de saúde, desesperança e aborrecimento (34%). Em geral, essa fase surge após alguns anos depois de pararem de trabalhar. As preocupações com saúde e finanças aumentam. Para alguns, é também um momento de revisão de planos e crescimento pessoal. Muitos reclamam de depressão e de tédio.

Nessa fase, uma segunda carreira pode começar a surgir, alguns empreendimentos passam a fazer parte do imaginário e da realidade de alguns.

É nessa fase da aposentadoria que os erros de planejamento financeiro são mais sentidos, chegando, em alguns casos, a coincidirem com uma época de deterioração da saúde física e conseqüente aumento de gastos. Surge então a maior preocupação que é a de garantir a duração do patrimônio. Em determinados casos, em que fica evidente que isso não é possível, torna-se necessário rever as expectativas e planos traçados anteriormente.

Esse caso é de difícil solução, sobretudo porque nesta fase da vida, quando é particularmente complexo identificar novas fontes de renda, qualquer melhoria orçamentária deve, necessariamente, passar pelo corte de gastos.

## Reconciliação (mais de 15 Anos Depois)

Essa é uma época propícia para meditação. Na maioria dos casos há aceitação pessoal e confiança no que foi produzido, na sua história particular; conformados com o sentido que deram para as suas vidas muitos mostram preocupação em deixar um legado pessoal.

Nessa fase da aposentadoria as pessoas já se acostumaram ao seu ritmo de vida e têm uma visão mais clara do que ainda podem esperar da vida. Alguns planejam mudar de casa ou de cidade, querem descansar e relaxar. Outros recuperam o interesse por hobbies e o otimismo volta, os níveis de depressão e preocupação diminuem. No entanto a maioria se diz triste com o inevitável fim de vida. Nesse estágio, as pessoas já estão com mais de 70 anos.

Para 5% dos entrevistados, o momento é marcado por uma leve depressão sendo que 22% afirmaram ficar tristes ao pensar que devem refletir sobre o final de suas vidas.

## Ambiente de Trabalho – Assédio Moral e a Violência Contra o Idoso no Trabalho

Embora não haja uma definição unificada mundialmente para determinar o significado do ato, o assédio ou a violência moral ocorre com freqüência dentro de locais de trabalho, principalmente contra os adultos maduros e contra os idosos. Expressões como: "está fazendo corpo mole"; "vive se encostando"; "joga tudo nas costas dos outros"; "não serve para mais nada"; "não adianta dar nenhum serviço para ele"; "este velho está cansado e só quer ficar parado num canto", ainda são comuns em ambientes de trabalho que não valorizam o trabalhador, tenha ele a idade que tiver.

Ao longo da vida laboral é provável que o trabalhador tenha se deparado com diversos conflitos dentro da empresa ou campos de trabalho que tenha atuado. Sua experiência mostra que nestes casos o essencial é o diálogo e a capacidade para atuar de maneira prudente. Entretanto, diante do assédio moral, o idoso se sente debilitado.

O assédio moral ou a violência contra o Idoso no trabalho são constituídos por procedimentos torpes, antiéticos e contínuos, contra um idoso ou contra grupo de empregados idosos, proporcionando um clima de trabalho enfadonho, tenso, com comunicação confusa e comando hostil, gerando riscos ocupacionais para a saúde e para a segurança no trabalho.

"O assédio ou violência moral que acontece dentro do local de trabalho, ao longo da jornada, de forma repetitiva contra o trabalhador, colocando-o numa situação constrangedora, vexatória por parte do superior hierárquico, é uma relação marcada pelo poder. Caracteriza-se por relações desumanas, antiéticas. O outro não é considerado igual em direitos. O objetivo principal do agressor é desqualificar o outro, enquanto profissional e como pessoa. O agressor escolhe sua presa, a isola do grupo e, a partir do isolamento, o padecente passa a ser ignorado pelo agressor que passa a hostilizá-la. A partir deste momento, a vítima começa um processo de desestabilização emocional, até que chega um momento que a doença acontece." (Margarida Barreto)

O idoso sofre ao não ser respeitado e nem considerado igual em direitos. Na maioria das vezes isola-se por não encontrar chances para se defender e passa a ter dificuldades de relacionamento no seu setor ou no ambiente de trabalho onde se sente vitimizado, humilhado, diminuído e até ameaçado, pensando inclusive em afastar-se definitivamente de suas atividades. Mas sabe que existe a dificuldade de colocação no mercado de trabalho formal.

### Efeitos na Saúde

Fragilizado, o idoso começa então a desencadear um processo de desestabilização emocional até atingir a depressão como doença e a desenvolver idéias suicidas. A violência ou o assédio moral contra o idoso no trabalho caracteriza-se por uma situação negativa prolongada e tem o potencial de causar ou contribuir para muitas desordens psicopatológicas, psicossomáticas e comportamentais.

## Suicídio e Envelhecimento

Os idosos habitualmente apresentam as mais altas taxas de risco de suicídio em relação a outras faixas etárias. Entre as queixas mais freqüentes estão: a solidão; a carência afetiva; os problemas financeiros; as dificuldades de assistência médica.

A depressão, o consumo excessivo de bebidas alcoólicas, a dependência física e financeira, a drástica redução de oportunidades sociais para sustentar-se e sentir-se útil, o uso excessivo de medicamentos e a dificuldade para adquiri-los, a presença de diversas incapacidades físicas, também são fatores desencadeantes de idéias suicidas. É preciso estar atento para a efetivação de um diagnóstico rápido e a aplicação de um tratamento eficaz.

CAPÍTULO 7

# Medicina Geriátrica Ocupacional e o Crescimento da Arte

*"Prolongando a vida orgânica além dos limites até então concebidos, os homens viverão muito além dos cem anos!"*

Re-Humanização na Medicina do Trabalho, 95

O Aumento da Produtividade, 97

Condições Essenciais para a Promoção da Empregabilidade dos Trabalhadores Idosos, 98

Envelhecimento em Atividade – Propostas de Parceria Social no Trabalho, 99

A Era Digital – A Informatização – A Internetização, 101

Estresse Geriátrico Social, 102

"Slow Life" – Formas de Proteção do Cérebro, 103

Alguns Postos e Campos de Trabalho, 103

Empreendedorismo – Auto-Emprego, 104

Medicina Ocupacional Geriátrica, 105

Trabalhar, produzir, sentir-se inserido e atuante, moderno, antenado com os acontecimentos, até chegar a hora de querer descansar, relaxar e lembrar. Este é um dos desejos dos idosos.

Não é só viver, é principalmente viver com qualidade de saúde para poder aproveitar mais e melhor o que a vida oferece.

A medicina moderna promete diversas surpresas para a nossa vida futura. O surgimento de novas vacinas, o controle de doenças crônico-degenerativas, a recuperação das lesões e seqüelas através do uso das células-tronco, as promessas estéticas, a melhoria da capacitação física, as expectativas de aumento da capacitação intelectual, o gerenciamento das demências, o controle da ereção e do prazer, as clonagens, etc., já são reais em muitos casos e estão próximos do desenvolvimento pleno em outros casos.

## Re-Humanização na Medicina do Trabalho

A proposta atual da ação da Medicina do Trabalho no Brasil passa obrigatoriamente pelas regras dos convênios tripartites (governo, trabalhadores e empresários) firmados com a Organização Internacional do Trabalho e que gerou, entre as diversas normas, o Programa de Controle Médico de Saúde Ocupacional.

O objetivo da Norma Regulamentadora nº 7 é associar a avaliação médica ao conhecimento das atividades desenvolvidas pelo trabalhador examinado e às informações sobre o ambiente de trabalho em que este trabalhador está inserido e com isto desenvolver um programa para identificar as condições de saúde individual e coletiva de trabalhadores, destacando a promoção para a preservação da saúde do conjunto dos trabalhadores.

Apesar de todo o avanço contido nas Normatizações, determinados "vícios" têm levado a erros na aplicabilidade do PCMSO, principalmente no tocante à efetivação dos Atestados de Saúde Ocupacional (ASO).

A Consultoria em medicina do trabalho deve ser benéfica para a empresa contratante e para seus empregados. Embora não haja um programa específico voltado para faixas etárias, é obrigação do consultor orientar a empresa da necessidade investigativa dentro de seu quadro de funcionários.

Todo o processo preventivo em saúde ocupacional exige um Rastreio Populacional visando a Identificação de Grupos Populacionais de Risco e Identificação de Fatores Ambientais de Risco.

A Medicina do Trabalho é em particular Medicina Gerencial, e como tal não pode abrir mão do relacionamento individual e da avaliação do coletivo através das informações da saúde dos empregados, já que a essência da humanização no trabalho está pautada na interrelação entre o funcionário e o ambiente de trabalho, aí entendido como empresa. A empresa é vista como o ambiente de trabalho, e o posto de trabalho é visto não só como o local onde se trabalha mas também pelo sentimento que se tem da empresa, seja através do salário ou das relações sociais.

A Medicina do Trabalho exerce fator primordial na avaliação física e psíquica, para a preservação da saúde dos funcionários idosos.

A reinserção ou mesmo a manutenção do idoso no ambiente de trabalho exige uma visão médica diferenciada já que a qualidade de comunicação, ou seja, a "ausculta" das queixas e a percepção das limitações devem ser aprimoradas para permitir uma melhor compreensão e uma decisão de procedimentos quanto a tratamentos e evolução de determinados quadros patológicos.

A relação da Saúde com o meio ambiente e com o trabalho está presente desde a Antigüidade. O famoso médico Hipócrates, considerado o pai da medicina da Era Moderna, e que viveu cerca de 90 anos, em seu ensaio denominado "das águas, ares e lugares", apresentava diversas e determinantes diferenças na morbidade entre indivíduos de diferentes lugares e atividades.

O pai da Medicina do Trabalho, Professor Bernardo Ramazzinni, que morreu aos 81 anos trabalhando e dando aulas a seus alunos médicos, em seu clássico livro: *"Morbis Artificum Diatriba"* listou pela primeira vez cerca de 50 doenças relacionadas às atividades laborais de sua época.

Todos estes conhecimentos levaram a Medicina Ocupacional moderna a esboçar mecanismos de prevenção de doenças, no sentido de conquistar melhores resultados de proteção à saúde.

Ao longo dos anos, com a mudança da relação com o trabalho, diversas adaptações foram sendo criadas principalmente após a Revolução Industrial. A participação de crianças e mulheres, em áreas extremamente insalubres e a inadaptação inicial do trabalhador às máquinas, fez aparecer uma legião de mutilados no trabalho, formando uma multidão de miseráveis, o que logicamente não interessava aos políticos, aos empresários e muito menos à sociedade como um todo que se via obrigada a conviver com o caos gerado pelas máquinas e pela urbanização indevida.

## O Aumento da Produtividade

As promessas para o aumento da produtividade após a maturidade são muitas, seja como assalariado ou como empreendedor. Profissionais que atuam ou atuaram nos setores de serviço, de consultoria e de docência, têm sua competência prestigiada e recompensada com a maturidade, segundo consultores de Recursos Humanos.

É preciso aumentar as taxas de emprego dos trabalhadores mais idosos e retardar o afastamento do mercado de trabalho.

Desde o início do novo século tem havido um avanço no sentido de aumentar os níveis de emprego das pessoas com idades compreendidas entre os 55 e os 64 anos e adiar a sua saída do mercado de trabalho.

Esses progressos ainda são insuficientes e devem ser aprofundados, a fim de incentivarem o desenvolvimento econômico individual e os sistemas de proteção social aos trabalhadores mais velhos.

Os governos devem tomar medidas mais eficientes para preservar o emprego e assegurar a promoção do envelhecimento em atividade através da coordenação das políticas nacionais, do intercâmbio de experiências e de uma contribuição financeira, e as empresas devem facilitar o prolongamento e a melhoria da vida ativa.

Na Europa, assim como em outras partes do mundo, a baixa taxa de emprego dos trabalhadores mais velhos representa um desperdício de oportunidades individuais e de potencialidades sociais.

De acordo com os Conselhos Europeus de Lisboa de 2000, de Estocolmo de 2001 e Barcelona de 2002:

- Até 2010, metade da população européia da faixa etária de 55-64 anos deverá estar empregada (Estocolmo, 2001).

- Até 2010, a idade média efetiva em que as pessoas deixam de trabalhar na União Européia deverá aumentar progressivamente cerca de 5 anos (Barcelona, 2002).

Com o avanço permanente da longevidade humana, a atividade laboral tende a ser estendida à maior escala do ciclo de vida, mesmo admitindo modelos flexíveis de ocupação em tempo parcial.

É importante observar que, no entendimento do contexto econômico global, o aumento da taxa de emprego dos trabalhadores mais velhos, inclusive feminina, é fundamental para apoiar o crescimento econômico, as receitas fiscais e os sistemas de proteção social, especificamente para assegurar pensões de nível correspondente, promovendo a redução do número de aposentados e retardando o afastamento do mercado de trabalho da população em idade ativa.

## Condições Essenciais para a Promoção da Empregabilidade dos Trabalhadores Idosos

Existem situações decisivas para a conservação da empregabilidade e aproveitamento da mão-de-obra dos trabalhadores idosos.

Além de condições macroeconômicas estáveis, determinadas condições específicas como: flexibilização da organização do trabalho; acesso às novas tecnologias; melhoria das condições de saúde e segurança ocupacionais e incentivos fiscais e financeiros devem prevalecer no mercado de trabalho para facilitar o prolongamento da vida ativa dos trabalhadores mais velhos.

### Formas Flexíveis da Organização do Trabalho

As fórmulas de aposentadoria progressiva e de emprego em tempo parcial são possibilidades que merecem maior atenção.

Em vez de um acontecimento pontual, a passagem à aposentadoria deve tornar-se um processo no campo do qual o trabalhador decida reduzir progressivamente o seu horário de trabalho.

### Acesso Permanente à Aprendizagem

Os trabalhadores mais velhos recebem menos formação do que os restantes grupos etários. Para que o potencial de produtividade dos trabalhadores mais velhos não se desgaste com a idade, é essencial inverter esta tendência, evitando assim que as aptidões se tornem obsoletas. Em termos gerais, só a aprendizagem ao longo da vida permitirá assegurar aos futuros trabalhadores mais velhos as competências necessárias para se adaptarem às mudanças que ocorrem no mercado de trabalho.

### Incentivos Financeiros Apropriados

É necessário adequar os ganhos pecuniários em regimes de aposentadoria antecipada, em termos de tempo e renda, e assegurar a devida aplicação de outros regimes de prestações como o desemprego de longa duração.

Nos casos de lesões prolongadas por doenças ou acidentes com invalidez temporária ou permanente, que podem constituir vias alternativas de incentivo ao afastamento do mercado de trabalho, é imprescindível promover adequações de modo a garantir que seja financeiramente vantajoso permanecer no mercado de trabalho.

### Boas Condições de Saúde e Segurança no Trabalho

A prevalência dos problemas de saúde relacionados com o trabalho aumenta com a idade, determinando doenças prolongadas ou situações de invalidez.

Este fato justifica o papel central das preocupações de Saúde Ocupacional e Segurança no Trabalho, no que diz respeito ao bem-estar dos trabalhadores mais velhos e à sua capacidade de permanecerem na vida ativa.

### Alterações Estruturais no Mercado de Trabalho

Toda vez que ocorre a reestruturação ou a redução dos efetivos das empresas, os trabalhadores mais velhos são os que correm maiores riscos de saírem do mercado de trabalho.

Para facilitar o regresso deste grupo ao emprego, é necessário que sejam desenvolvidas abordagens personalizadas como: serviços de orientação, medidas de formação específica, recolocação externa etc.

### Melhoria da Qualidade do Emprego

A Saúde Ocupacional e a Segurança no Trabalho, a Organização do Trabalho e a Aprendizagem são três dimensões decisivas na qualidade do emprego, que é um fator primordial para atrair para o mercado de trabalho e manter pessoas mais velhas em atividade.

## Envelhecimento em Atividade – Propostas de Parceria Social no Trabalho

O que é parceria social?

A parceria social é a união de parceiros de interesse comum, na busca do objetivo social único, buscando compromisso primordial com a qualidade e ações de natureza transformadora, inovadora, indutora, abrangente e auto-sustentável.

A conquista da longevidade como um fator social permite o repensar de novos rumos da produtividade humana facilitando a promoção a outros campos de trabalho, inclusive ao empreendedorismo.

O sentimento individual de alcançar novas etapas de vida produtiva através do acesso permanente à aprendizagem, à formação e ao desenvolvimento da disposição para o trabalho, permite a adaptação às variações que incidem no mercado de trabalho.

Quais os objetivos da parceria social?

No caso da manutenção das pessoas idosas em atividade laboral por mais tempo, devemos analisar o interesse de cada categoria individualmente. Por exemplo:

- no caso dos idosos, há um interesse permanente, que cresce dia a dia, de permanecer trabalhando, produzindo, sentindo-se útil, mas tendo garantidos os seus direitos;

- no caso das empresas, há necessidade de manutenção de um colaborador de diversos anos, que conhece a empresa, que se dedica à empresa e que teve investimentos durante anos de aprendizado. Hoje em dia diversas empresas estão criando áreas de aproveitamento de funcionários idosos em atividade;

- do lado governamental é necessária uma revisão dos sistemas de proteção social e dos conceitos previdenciários, já que é impossível determinar o tempo para a manutenção de uma pensão justa a um grupo cada vez maior de beneficiários.

Deve-se promover adequações administrativas de modo a garantir, aos que podem ser ativos, que seja economicamente conveniente permanecer no mercado de trabalho e complementarem o seu rendimento, sem onerar mais ainda o crescimento econômico.

Como promover a parceria parcial?

- Dar incentivos aos trabalhadores para que se aposentem mais tarde e de modo mais progressivo, e aos empregadores para que recrutem e mantenham em serviço trabalhadores mais velhos;

- Promover o acesso à formação e o investimento na aptidão para o trabalho;

- Promover condições de trabalho propícias à permanência no emprego (adaptação da carga de trabalho, maior facilidade de transição para outras atividades, reforço das medidas de saúde e de segurança).

Em todo o mundo, o setor de serviços é o que mais emprega profissionais hábeis dentre os que têm acima de 50 anos. O trabalho proveniente da mão-de-obra de maior longevidade de vida decorre da concentração do trabalho no setor terciário, que poderá representar cerca de 90% do total das ocupações, segundo Marcio Pochmann, em *"O trabalho em três tempos".*

Entre as aptidões apresentadas pelos idosos e exigidas pelo mercado, estão:

- Maior maleabilidade no relacionamento interpessoal – as pessoas mais maduras, por sua experiência, estão continuamente prontas a oferecer conselhos e relatos de histórias já vividas. No atendimento aos clientes ouvem com atenção antes de "tentar adivinhar" o que o cliente vai falar.

- Maior facilidade de negociação – a habilidade de argumentação e a segurança na apresentação de serviços e produtos facilitam as transações comerciais.

- Maior capacidade de planejamento estratégico – com a experiência, o profissional maduro adquire uma visão mais aguçada, sendo capaz de apresentar alternativas diferenciadas às proposições já efetuadas. Analisa e debate a viabilidade do projeto.

- Maior receptividade – os profissionais mais maduros transmitem uma maior hospitalidade fruto da confiabilidade relativa à idade.

- Maior valorização do cargo – o conhecimento aliado à estima profissional permitem o desenvolvimento de um empregado atento e fiel aos compromissos.

## A Era Digital – a Informatização – a Internetização

Na era da internetização ou da informatização há um número infinito de informações imediatas a partir de sites e programas que oferecem uma grande quantidade de dados disponíveis a todos os indivíduos, indistintamente, durante todo o tempo.

Rapidamente, entretanto, da mesma forma que esses dados chegam também se tornam obsoletos exigindo do profissional a manutenção permanente de atualização e reciclagem de informações.

A falta desta prática aliada ao trabalho torna as pessoas alienadas e alijadas do processo evolutivo formando um grande grupo de exclusos sociais.

Em contrapartida, a dependência tecno-comportamental devida à internetização compulsiva pode levar ao tecnoestresse, síndrome comportamental causada devido à ansiedade com conseqüente desgaste físico e emocional; embora ainda pouco comum entre os idosos, vem, entretanto, se tornando mais habitual entre os adultos maduros (pré-idosos).

A vinculação tecnológica ao trabalho pode provocar a diminuição da qualidade de vida dos trabalhadores idosos devido a alterações em fatores emocionais, físicos, psíquicos e comportamentais. Nos últimos anos tem aumentado o número de idosos profissionais liberais e empresários que utilizam o laptop e o celular da empresa, o que os mantém conectados à ela por 24 horas. Isso cria tensão, da mesma forma que o "BIP" nos anos 80.

O tecnoestresse é um fator que diminui a qualidade de vida provocando maior nível de desânimo, astenia, ansiedade. Entre as queixas e os sintomas mais comuns no tecnoestresse estão os problemas emocionais (angústia, falta de concentração), problemas comportamentais (aumento do consumo de álcool, drogas e cigarro, distúrbios de apetite, agressividade), problemas psíquicos (depressão, dependência, delírios persecutórios e desvios de personalidade) e os problemas físicos (dores musculares, cansaço crônico e distúrbios do sono).

## Estresse Geriátrico Social

O estilo de vida e o comportamento diário são alguns dos elementos determinantes para o desenvolvimento ou não do estresse social. Os fatores preponderantes para o aparecimento e instalação dos sintomas aliam aspectos sociais como: Ambiente Familiar Instável, o desemprego dos filhos, formas de alimentação irregular como a anorexia ou a ortorexia nervosa (obsessão por comer bem), a obesidade, o aumento da circunferência abdominal, o tabagismo, o etilismo, o uso excessivo e indiscriminado de medicamentos, o sedentarismo, excesso de juros para empréstimos e aquisição de bens e incertezas políticas.

## "Slow Life" – Formas de Proteção do Cérebro

Então como fugir do estresse?

A manutenção da capacidade física é importante para a realização das atividades diárias e deve ser incentivada. Até recentemente, a ciência supunha impossível estimular a formação de novos neurônios; entretanto, as pesquisas atuais apontam que esta gênese seja provável, o que poderá diminuir ou até mesmo eliminar os riscos de doenças neurológicas como mal de Parkinson e a doença de Alzheimer.

A prevenção das quedas e o fortalecimento dos grupos musculares e prevenção da osteoporose garantem por mais tempo uma vida produtiva e com qualidade superior.

Manter a capacidade intelectual e a saúde mental são de simples aplicabilidade e devem ser estimuladas. O uso de metodologias que permitam uma melhor disciplina de vida evitando a pressa na realização de todos os afazeres diários e uma melhor compreensão do que se é realmente capaz de resolver, aceitando as suas limitações atuais, permite uma melhor prevenção do estresse social.

## Alguns Postos e Campos de Trabalho

Surgem, a cada dia, novas e importantes perspectivas de modificações sobre o futuro da organização do trabalho. Logicamente que a crescente ampliação da expectativa média de vida populacional é importante referencial para os futuros planejamentos.

A partir deste início do século XXI, a longevidade humana transformou-se decisivamente em expectativa de vida centenária.

Muito embora com mais dúvidas do que com certezas todas estas mudanças podem resultar em uma transformação profunda do atual mundo do trabalho.

O mercado de trabalho em hotelaria, no nosso meio, é um dos que mais valoriza o empregado maduro.

As equipes de vendas também têm o seu foco voltado para o trabalhador experiente, com mais idade, pois passa fidedignidade e segurança.

A consultoria empresarial é considerada o caminho apropriado para os profissionais maduros que possuem curso superior. Esta atividade tem como prerrogativa poder desenvolver ações para diferentes empresas simultaneamente sem concorrência entre elas.

O mercado de franquias é um excelente mercado para aquele empreendedor que quer depositar a sua experiência e a sua dedicação em troca de retorno financeiro e satisfação de estar produzindo e realizando seu próprio negócio.

Pertencem a cooperativas de profissionais de uma mesma carreira, como engenheiros, médicos etc.; é outra forma de participação dentro do mercado formal de trabalho, ajustando horários, tipos de atividade etc.

Em todos os casos é sempre necessária a coordenação administrativa e a organização de projetos, assim como dedicação total ao empreendimento.

## Empreendedorismo – Auto-Emprego

O auto-emprego, também considerado como empreendedorismo, pode-se desenvolver através do associativismo, incluindo o cooperativismo. Eventualmente, o auto-emprego se apresenta também como uma forma de vender um produto ou proporcionar um serviço com ou sem a ajuda de uma equipe.

O auto-emprego se entende como toda atividade laborativa gerada e gerenciada pelo próprio indivíduo que a exerce de maneira direta.

O auto-emprego engloba a organização de uma empresa, desde a fase inicial da concepção da idéia até o seu estabelecimento final.

O fundamental no desenvolvimento deste conceito é a capacidade de inovação do alto comando da empresa. É ter bem definido um bom plano de ação, de modo a se determinar a idéia de empresa, seus objetivos, material e métodos a utilizar, identificação do público-alvo, e custos.

Ao se analisar a saúde da empresa, deve-se pensar inicialmente na saúde do empreendedor e na saúde de seus funcionários. Muitos são os empreendedores, principalmente entre os idosos, que não escolheram corretamente os negócios considerando sua condição de saúde e tiveram que mudar completamente os planos ou até afastar-se posteriormente, com gastos e prejuízos maiores.

Somente desta forma se impulsionará o negócio e se conseguirá manter o empreendimento atuando indeterminadamente no mercado.

O êxito do auto-emprego dependerá da forma pela qual o executivo conjugue sua experiência, conhecimentos, habilidades e inovação, com um bom trabalho em equipe. Aplicar novos estilos, capacitando efetivamente o pessoal e focar em um determinado mercado e manter uma equipe saudável ajuda a gerar e estabilizar um produto ou serviço.

Dentro deste processo, pode-se encontrar desde idosos desempregados buscando novas alternativas a executivos e aposentados que tenham trabalhado no setor público ou privado e que vejam o auto-emprego como algo atrativo.

Porém, seja qual for o caso, o "auto-empregado" deve ser uma pessoa capaz de estabelecer e utilizar de maneira eficiente as políticas de gestão e de recursos humanos, de maneira a motivar o restante dos trabalhadores.

Além disto, o executivo deverá saber negociar, tomar decisões corretas e manter uma comunicação eficaz dentro da empresa.

Com uma boa idéia inicial, um plano de negócios e de marketing eficaz, políticas adequadas, um responsável e uma equipe de trabalho motivada e saudável, aliados a um alto comando capaz de gerir diversos problemas e encontrar as melhores soluções, tudo irá bem e a manutenção de seu auto-emprego se dará de forma ilimitada.

## Medicina Ocupacional Geriátrica

Na sociedade atual mais e mais pessoas idosas trabalham durante horas a fio, em diversos tipos de atividades insalubres, inclusive trabalhos em turnos e trabalho noturno, que são reconhecidos fatores de risco para a saúde, segurança e bem-estar social.

Seguramente medidas preventivas e de proteção devem ser propostas para diminuir os efeitos adversos advindos destas atividades, para assegurar que o trabalhador idoso possa enfrentar satisfatoriamente sua função.

A proposta de união das duas especialidades médicas, promovendo uma ação específica para um grupo populacional crescente na comunidade, tem sentido na medida em que o encontro entre o trabalhador idoso e o propedeuta representa um dos momentos mais expressivos na procura pela Saúde Ocupacional Geriátrica.

A atuação do profissional médico do trabalho exige experiência e especialização. O profissional tem que estar familiarizado com a identificação de problemas relacionados aos locais de trabalho e à população longeva para avaliar as possíveis associações ocorridas entre o paciente idoso e o ambiente de trabalho.

A Medicina Ocupacional vem há muito analisando as perigosas ações dos diversos fatores: físicos, químicos, biológicos e ergonômicos causadores de efeitos patológicos, físicos e psicológicos no organismo dos trabalhadores; a associação à Medicina Geriátrica facilitará a compreensão das alterações bio-psicossociais que podem causar intolerância ou inadaptação.

Isto se baseia principalmente na organização estabelecida em critérios médicos específicos tanto de prevenção e segurança laboral acordados quanto em critérios epidemiológicos sobre a população longeva.

# Bibliografia Consultada

- BAEZ GARCIA M. A. Medicina do Trabalho e o Idoso: Uma Nova Proposta de Avaliação Médica Periódica. In: Anais do XIV Congresso Brasileiro de Geriatria e Gerontologia, 2004, Salvador, Brasil.

- BARCELLOS C. C.; SABROZA P. C.; PEITER P.; ROJAS L. I. Organização Espacial, Saúde e Qualidade de Vida; Análise Espacial e Uso de Indicadores na Avaliação de Situações de Saúde. Informe Epidemiológico do SUS, 2002.

- BARNES P. J. Mechanisms in COPD: differences from asthma. Chest. 2000.

- BERTOLUCCI P. H. et al. The mini-mental state examination in a general population: Impact of educational status. Arq. Neuropsiquiatr, 1994.

- BINDER M. C. P.; WERNICK R.; PENALOZA E. R.; ALMEIDA I. M. Condições de Trabalho em Oficinas de Reparação de Veículos Automotores de Botucatu (São Paulo); Nota Prévia. Informe Epidemiológico do SUS, 2001.

- BONORA E. et al. HOMA – estimated insulin resistance is na independent predictor of cardiovascular disease in type 2 diabetic subject: prospective data from the Verona Diabetes Complications Study. Diabetes Care, 2002.

- BRANDT T. Menière's disease. Vertigo: its multisensory syndromes 2nd ed. London: Springer Verlag, 1999.

- BRASIL. LEI N° 0.741, DE 1 DE OUTUBRO DE 2003. Estatuto do Idoso. Diário Oficial da União. Brasília, 2003.

- BRASIL. MINISTÉRIO DO TRABALHO E EMPREGO Portaria n° 3114. In: Equipe ATLAS (Coord.). Segurança e Medicina do Trabalho, 48ª ed. São Paulo: Atlas, 2001.

- CAMARANO A. A. et al. Os Novos Idosos Brasileiros Muito Além dos 60? IPEA, 2004.

- CAPODIECI S. A Idade dos Sentimentos. Amor e Sexualidade após os 60 anos. EDUSC, 2000.

- CARAMELLI P.; NITRINI R. Conduta diagnóstica em demência. In: Depressão e demência no idoso. Lemos São Paulo, 1997.

- CARMO E. H.; BARRETO M. L.; SILVA JR. Mudanças nos padrões de morbimortalidade da População Brasileira: os desafios para um novo século. Epidemiologia e Serviços de Saúde, 2003.

- COIMBRA I. B.; PASTOR E. H.; GREVE J. M. D. et al: Consenso Brasileiro para o Tratamento da Osteoartrite Rev. Bras. Reumatol, 2002.

- COSTA M. F. F. L., GUERRA M. L., FIRMO J. O. A., UCHÔA. E. Projeto Bambuí; Estudo Epidemiológico de Características Sociodemográficas, Suporte Social e Indicadores de Condição de Saúde dos Idosos em Comparação aos Adultos Jovens. Informe Epidemiológico do SUS, 2002.

- COSTA, E. F. A.; MONEGO, E. T. Avaliação geriátrica ampla. Revista da UFG, V. 5, n° 2, 2003.

- COSTA, E. F. A.; PORTO, C. C.; ALMEIDA, J. C. et al. Semiologia do Idoso. In: Porto, C. C. Semiologia Médica. 4ª ed. Rio de Janeiro: Guanabara Koogan, 2001.

- EDITORIAL "ABRH" jornal "O GLOBO" – Diversos.

- FOLSTEIN, M. F. et al. Mini-mental State: A Practical Method for Grading the Cognitive State of Patients for the Clinician. J Psychiatr Res, 1975.

- FREITAS C. M. Avaliação de Riscos como Ferramenta para a Vigilância Ambiental em Saúde. Informe Epidemiológico do SUS, 2002.

- GANANÇA M. M.; CAOVILLA H. H. Como Lidar com as Tonturas Sintomas Associados. In: Audiologia Clínica. São Paulo: Atheneu, 2000.

- GORMAN J. M. Comorbid depression and anxiety spectrum disorders. Depress Anxiety, 1997.

- GUIMARÃES R. M.; CUNHA U. G. V. Sinais e Sintomas em Geriatria. Rio de Janeiro: Atheneu, 2004.

- JACOB FILHO W. et al. Terapêutica do Idoso. Manual da Liga do Gamia. BYK Fundo Editorial, 2003.

- KATZ, S.; FORD, A. B.; MOSKOWITZ, R. W. et al. Studies of fitness in the aged: the Index of ADL; a Standard Measure of biological and Psychosocial Function. JAMA, 1963.

- LAWTON, M. P.; MOSS, M.; FULCOMER, M. et al. A Research and service-oriented multilevel assessment instrument. J Gerontol, 1982.

- LEGER D.; GUILEMINAULT G.; BADER G.; LEVY E.; PAILLARD M. Medical and socio-profissional impact of insomnia, 2002.

- MAHONEY, F. I.; BARTHEL, D. W. Functional Evaluation: The Barthel Index. Maryland.

- MATHEUS, DA. Dr. Marjory Warren and the Origin of British Geriatrics. J Am Geriatr Soc, 1984.

- MENON A. D.; SAKANO E.; WECKX L. M. e cols. Consenso sobre vertigem. Rev. Bras. Otorrinol, 2000.

- NATIONAL HEART, LUNG, AND BLOOD INSTITUTE. MORBIDITY AND MORTALITY – Bethesda MD, USA: US Department of Health and Human Services, Public Health Service, National Institutes of Health; 2000.

- NCEP. Executive Summary of the Third Report of the National Cholesterol Program (NCEP) Expert Panel on Detection, Evaluation, and Treatment of High Blood Cholesterol in Adults. JAMA 2001.

- OLIEVENSTEIN C. *O Nascimento da Velhice.* EDUSC, 2001.

- PYHN E. G.; SANTOS M. L. *Idade Biológica.* Senac SP, 2003.

- RAMOS, L. R. *Epidemiologia do Envelhecimento. In*: Freitas, E. V.; Py, L.; Neri, A. L.; Cançado, F. A. X.; Gorzoni, M. L.; Rocha, S. M. *Tratado de Geriatria e Gerontologia.* Rio de Janeiro: Guanabara Koogan, 2002.

- Reportagens "O GLOBO" – Empreendedorismo.

- Reportagens "O GLOBO" – Trabalho na terceira idade.

- Reportagens "Pequenas Empresas Grandes Negócios".

- RUBESTEIN, L. Z.; RUBESTEIN, L. V. Multidimensional Geriatric Assessment in Tallis, R. C.; Fillit, H. M.; Brocklehurst, J. C. Brocklehurst's Textbook of Geriatric Medicine and Gerontology. Churchill Livingstone, 1998.

- SÉ EVG; LASCA V. *Exercite sua Mente.* Guia Prático. Prestígio, 2005.

- SMITH JR S. C.; BLAIR S. N.; BONOW R. O. *et al.* AHA/ACC guidelines for preventing heart attack and death in patients with atherosclerotic cardiovascular disease: 2001.

- SULLIVAN S. D.; RAMSEY S. D.; LEE T. A. *The economic burden of COPD.* Chest, 2000.

- The management of chronic venous disorders of the leg: na evidenced-based report of an international task force. Phlebology 1999.

- UCHOA E.; ROZEMBERG B.; PORTO M. F. S. Entre a Fragmentação e a Integração: Saúde e Qualidade de Vida de Grupos Populacionais Específicos. Informe Epidemiológico do SUS, 2002.

- VILELA R. A. G.; RICARDI G. V. F.; IGUTI A. M. Experiência do Programa de Saúde do Trabalhador de Piracicaba; Desafios da Vigilância em Acidentes do Trabalho. Informe Epidemiológico do SUS, 2001.

- YESAVAGE, J. A.; BRINK, T. L. Development and Validation of a Geriatric Depression Screening Scale: A Preliminary Report. J Psychiatr Res, 1983.

# O Idoso não quer Pijama!

Autora: Sandra Benevento Bertelli (org.)
Nº de páginas: 120
Formato: 16 x 23cm

Este livro é dedicado às pessoas que trabalharam e sempre estiveram na ativa e continuam dessa forma, embora estejam na idade da maturidade. Surgiu da necessidade que cada autor tem em trabalhar com pessoas na idade da maturidade. A obra é dividida em três partes.

A primeira é dedicada ao comportamento individual da pessoa na idade da maturidade e seus aspectos biológicos/psíquico/emocionais, incluído o papel da família. A segunda trata do comportamento organizacional e suas múltiplas facetas, incluindo o papel da família. A terceira e última é dedicada aos cases de sucesso.

A cada dia torna-se mais comum observarmos pessoas com mais de 60 anos ativas, sustentando famílias e com uma força de vontade, às vezes, maior do que a encontrada em pessoas mais jovens. Por esse e outros motivos, o livro torna-se tão importante atualmente. A obra é uma chamada à sociedade para a questão do envelhecimento e de quem é o idoso hoje.

# Responsabilidade Social e Diversidade nas Organizações

## Contratando Pessoas com Deficiência

**Autora:** Melissa Santos Bahia
**Nº de páginas:** 112
**Formato:** 16 x 23cm

Trata-se de uma obra de grande valor para empresários, profissionais de Gestão de Pessoas, especialistas em reabilitação profissional e colocação no mercado de pessoas com deficiência, educadores em geral e pessoas que se candidatam a um emprego. A autora defende os procedimentos inspirados no Paradigma da Inclusão, que ainda não são amplamente praticados por esse público-alvo.

A literatura especializada no assunto apresenta em geral procedimentos baseados no Paradigma da Integração, que reforça a antiga idéia de se associar cada tipo de deficiência a um tipo de trabalho. A inclusão de pessoas com deficiência no mercado de trabalho é um direito, independente do tipo de deficiência e do grau de comprometimento que sejam apresentados.

No entanto, a falta de conhecimento ainda nos faz presenciar inúmeros casos de discriminação e exclusão. Este cenário tão comum nos dias atuais faz com que a abordagem da inclusão social e profissional dessas pessoas ganhe relevância no debate social, político, econômico e cultural.

# Vida Longa com Saúde

## Por que envelhecer?

**Nilo de Almeida**
**Jairo Mancilha**

Autores: Nilo de Almeida e Jairo Mancilha
Nº de páginas: 152
Formato: 14 x 21cm

A obra apresenta os princípios para o retardamento do envelhecimento e da garantia de uma vida longa e saudável. Com texto direto e simples, o livro traz informações para uma boa administração da vida com foco na qualidade da mesma.

Recheada de informações para o alcance da qualidade de vida mental e espiritual, a obra mostra a importância de uma boa alimentação e dos exercícios físicos para se viver bem com saúde e alegria.

A busca por uma vida longa e com saúde, hoje, tornou-se produto vendido nas prateleiras, sendo que a solução está em nossas mãos, sendo necessário somente o cultivo de hábitos mais saudáveis.

O livro traz estratégias simples, mas de resultado gratificante. São noções básicas de forma esclarecida e moldada para que sejam incorporadas à rotina do homem moderno. Apresenta meios de prevenção de doenças, de se alimentar bem, a importância de se engajar com a vida e manter uma atividade física.

Alguns conceitos e informações são repetidos ao longo da obra, a fim de reforçar a idéia apresentada, garantindo assim um maior aprendizado.

# Toque de Afeto na Família

## O Exercício do Amor no Dia-a-dia Familiar

Autores: Albigenor Militão e Rose Militão
Nº de Páginas: 112
Formato: 16 x 23cm

Neste livro – o 7º de Albigenor & Rose Militão pela Qualitymark Editora – os autores falam da necessidade de demonstrar o amor pela família.

Algumas idéias de como curtir bem todas as idades dos filhos, aproveitar da melhor maneira possível aquela viagem familiar e desfrutar com grande prazer momentos íntimos a dois são algumas das dicas que você pode encontrar neste livro.

Imperdível para aqueles que desejam demonstrar melhor o seu jeito de amar!

## Entre em sintonia com o mundo

**QualityPhone:**
**0800-263311**
Ligação gratuita

Rua Teixeira Júnior, 441
São Cristóvão
20921-405 – Rio de Janeiro – RJ
Tel.: (0XX21) 3295-9800
ou           3860-8422
Fax: (0XX21) 3295-9824

www.qualitymark.com.br
E-Mail: quality@qualitymark.com.br

### Dados Técnicos

Formato: 16 x 23

Mancha: 12 x 19

Corpo: 11

Entrelinha: 13

Fonte: Frutiger Light

Total de Páginas: 136